균형 잡힌 식단으로 건강을 디자인하는
영양사

이은영 지음

균형 잡힌 식단으로 건강을 디자인하는

영양사

TALK SHOW

> "
> 우리는 우리가 먹는 것이고, 우리가 먹는 것은
> 결국 우리가 누구인지 말해준다.
>
> We are what we eat, and what we eat
> makes us who we are.
> "
>
> - 마이클 폴란 -

> "
> 건강은 단순히 질병이 없는 상태가 아니라
> 활력과 에너지가 넘치는 것이다.
>
> Health is not just the absence of disease,
> but the presence of vitality.
> "
>
> - 딥락 초프라 -

C·O·N·T·E·N·T·S

영양사 이은영의
프러포즈

PROPOSE

안녕하세요, 청소년 여러분. 영양교사 이은영입니다.

오늘은 제가 사랑하는 직업, 영양사에 대해 이야기해 보려고 합니다. 이 책을 손에 든 여러분은 '영양사'라는 직업이 어떤 일을 하는지, 왜 이 직업이 중요한지 등에 관심이 있을 거예요. 영양사는 개인/단체/지역사회를 대상으로 질병예방과 건강증진을 위하여 급식관리 및 영양서비스를 수행하는 전문인으로 정의할 수 있어요.

우리는 매일 음식을 먹습니다. 따라서 음식이 우리 몸에 어떤 영향을 미치는지 아는 것은 정말 중요한데요. 질병이 발생하고 나서 치료하게 되면 시간과 비용이 많이 들게 되겠지요? 그런데 매일 먹는 음식을 통해 영양관리를 잘한다면 질병을 예방할 수 있어 시간과 비용을 아끼고 병상에 누워 지낼 필요가 없어 삶의 질 또한 향상될 거예요. 이렇듯 영양사는 개인과

단체, 지역사회의 영양 요구와 상태를 평가하여 균형 잡힌 식단을 제공하고 영양 섭취를 최적화함으로써 질병을 예방하고 건강한 삶을 유지하는데 이바지해요. 또한, 맞춤형 영양상담과 영양교육을 실행함으로써 개인과 지역사회의 영양 지식을 향상시키고, 건강한 식습관 형성을 돕습니다. 예방 의학의 중요성이 강조되는 현대사회에서 영양전문가인 영양사의 역할은 점점 커지고 중요하다고 할 수 있어요.

저는 사실 처음부터 영양사를 꿈꾸지는 않았어요. 하지만 지금은 이 직업을 가지게 된 것에 매우 만족하며 일하고 있는데요. 제가 영양사라는 직업을 사랑하게 된 이유는 여러 가지가 있지만, 가장 큰 것은 사람들에게 긍정적인 영향을 미치고, 행복을 주기도 하지만 받기도 하는 직업이라는 점이에요.

"급식이 맛있어요.";

"학교급식은 힐링이에요.";

"급식 먹으러 학교에 와요.";

"급식을 먹으니 아이 편식이 고쳐졌어요.";

"영양 선생님 항상 맛있고 건강한 급식을 해주셔서 감사합니다.";

"내가 우리 학교를 왜 좋아하게요? 바로 급식 때문이에요.";

"급식을 포기할 수 없기 때문에 절대 전학 가지 않을 거예요!"

　　학생과 학부모들이 저에게 하는 말이에요. 내 일을 열심히 잘하는 것만으로도 급식을 먹는 사람들의 건강과 웰빙을 직접

적으로 도울 수 있고, 여기에 더해 사랑이 가득한 감사 인사까지 받을 수 있는 직업이 또 있을까요?

　하지만, 이 직업을 저의 천직이라고 여기게 된 것은 힘들고 어려운 과정을 겪은 후였어요. 보통 영양사라고 하면 단순히 식단을 작성하는 사람이라고만 생각할 수 있는데요. 식단이 작성되고 그 식단이 급식으로 나가기까지는 아주 많은 과정을 거치게 되고 여러 사람의 손길이 필요합니다. 그러다 보니 급식의 총책임자인 영양사는 멀티태스킹 능력을 발휘할 수밖에 없어요. 초임 시절에는 그런 과정과 책임이 버겁게 느껴지더라고요. 그래서 경력이 많은 선배들을 보며 '내가 과연 저렇게 될 수 있을까?', '나는 이 길이 아닌 것 같아'라고 좌절하며 힘든 순간들을 보낸 적이 있었어요. 그런데 이 일이 익숙해지면서 알게 되었어요. 그 선배들도 저와 같은 어려움을 겪어내고,

이겨내고, 또 그것들을 잊지 않고 경험으로 녹여서 지금 그 자리에 있을 수 있었다는 것을요.

영양사는 과학적 지식을 바탕으로 개인과 단체의 건강을 돕는 중요한 역할을 해요. 생리학, 생화학 등 다양한 학문을 공부하면서 사람의 몸과 음식의 관계를 깊이 이해하게 되죠. 또한, 일상생활에 유용한 영양학적 지식을 늘 습득하기 위해 노력하는데요. 이러한 지식은 학생들을 대상으로 한 영양교육과 상담에 바로 활용할 수 있고 이 과정에서 스스로 성장하는 기쁨까지 얻을 수 있습니다.

또한 영양사는 병원, 학교, 기업, 그리고 개인 클리닉 등 다양한 장소에서 활동할 수 있어요. 여러분이 어떤 환경에서 일하고 싶은지에 따라 여러 진로를 선택할 수 있다는 점도 매력적이지요. 다양한 사람들을 만나고, 그들의 이야기를 듣고, 함

께 건강한 삶을 만들어가는 과정은 정말 보람차고 재미있는 경험이 될 것입니다.

영양사로서의 길은 단순한 직업 선택이 아닙니다. 이는 미래세대의 건강한 식습관 형성에 기여하고, 사람들의 건강과 삶의 질을 향상시키는 중요한 일입니다. 사람들의 건강을 증진시키고 식생활을 책임지는 이 매력적인 전문가의 길, 여러분도 저와 함께 걸어보지 않으시겠어요?

첫인사

편 토크쇼 편집자

이 이은영 영양교사

편 안녕하세요, 이은영 선생님. 뵙게 되어 반갑습니다.

이 안녕하세요, 30년 차 영양교사로 일하고 있는 이은영입니다. 영양교사로서 기본적인 업무인 학교급식관리, 위생 관리, 조리 종사자 인력 관리를 하고 있고, 학생들의 건강한 식습관과 올바른 식생활을 위해 영양교육과 영양상담 등의 업무도 담당하고 있습니다. 그 밖에도 학교급식과 관련한 다양한 연수와 강의, 연구활동, 정책활동 등을 통해 건강한 식습관을 전파하고 영양교육의 중요성을 알리는 데 힘쓰고 있습니다.

편 다양한 활동을 하시는데, 어떤 활동을 하시는지 구체적으로 말씀해 주세요.

이 서울시교육청교육연수원을 비롯해 전국 각 지역 교육청과 영양식생활연구회, (사)대한영양사협회에서 급식 및 영양교육, 영양상담 관련 다양한 직무연수와 강의를 맡아 진행하고 있습니다. 보건소, 교육청, 학교, 복지관 등에서 학부모 대상 특강을 진행하여 어린이 및 청소년의 올바른 식습관 형성을 위한 실용적인 정보를 제공하고, 학교급식에 대한 이해를 높이는 활동을 하고 있어요. 농림축산식품부와 (사)대한영양사협회가 제작한 〈지속가능한 식생활〉 온라인 강의 촬영에 참여했고, 서울시교육청 학교급식과 영양교육 홍보 영상에도 출연

했으며, 전국영양사학술대회, '영양의 날' 전문가 세미나, 우수 급식·외식산업전 등에서 전문가 발표를 통해 제 경험과 지식을 공유해왔습니다.

EBS 〈미래교육 플러스〉, 〈생방송 톡!톡! 보니하니〉, EBS 뉴스, 중앙일보, 〈지금 서울교육〉 등 다양한 방송과 매체에 영양 전문가로 출연하여 영양교육의 중요성을 알리는 데 힘썼으며, ㈜대한영양사협회 서울특별시영양교사회 회장, 서울시교육청 유치원급식 시범운영 심사위원 및 유치원 급식 컨설팅 장학단, 서울특별시교육청 먹거리 생태전환교육 중장기 발전계획 기획위원회 위원, 서울특별시영양사회 부회장, 서울특별시영양사회 이사, ㈜대한영양사협회 홍보위원회 위원 등을 역임했고, 현재는 서울시교육청 학교급식 컨설팅 장학위원, 서울특별시영양교사회/서울영양식생활교육연구회 고문 등으로 활동하며 영양·식생활 교육의 발전과 지속가능한 학교급식 정책 수립을 위해 노력하고 있습니다.

그밖에 네이버 오디오클립 '영양쌤과 영양talktalk'을 운영하여 '오!스타 프로젝트 시즌1' 최종 우수로 선정되었으며 서울시교육청교육연구정보원 1인 미디어 동영상 제작 교사지원단, 교육부 영양·식생활교육 콘텐츠 크리에이터 등으로 활동하였으며, 『식생활교육 지도서』, 『건강증진을 위한 비만, 식품

알레르기 영양상담 매뉴얼』, 『푸드표현상담을 통한 치유와 성장』을 공동 저서로 집필하였습니다.

🔵편 큰 상도 수상하셨는데 어떤 상인가요?

🔵이 수상 실적으로는 2009년 강동구청장상('친환경 학교급식' 표창), 2010년과 2014년 교육감 표창('학교급식 우수사례'), 2021년 부총리 겸 교육부 장관상('학교급식 부문 공로')을 받았습니다. 또한, 2023년 '학교 영양·식생활교육 공모전'에서 1위를 차지하며 부총리 겸 교육부 장관상을 수상했습니다.

🔵편 선생님 이야기를 듣다 보니 정말 일을 좋아하는 분이구나 싶어요.

🔵이 저한테는 일이 곧 취미가 됐어요. (웃음) 일이 너무 즐겁고 좋아서 주말에도 자발적으로 일을 하고 있어요. 학교에서의 업무는 정규 시간에 마무리하고, 퇴근 후나 주말에는 제가 즐거워서 하는 추가적인 활동에 참여합니다.

2018년 네이버에서 '오!스타 프로젝트 시즌1'이라는 오디오콘텐츠 공모전을 개최했어요. 오디오콘텐츠 기획안과 샘플 파일을 제출하면 채널 운영 능력을 평가해 1차로 30팀을 선정하고, 이후 6개월간의 오디오클립 채널 활동을 거쳐 최종 10팀을 뽑는 방식이었어요. 저는 영양정보를 소개하는 오디오클립을 만들어 응모했고, 최종 우수팀 10팀 중 4위로 선정되어 약 4년 동안 오디오클립을 운영했어요. 또한, 한돈 숏폼 영상 콘테스트에 참여해 〈영양쌤이 알려주는 한돈 똑똑하게 먹기〉 영상으로 최우수상을 수상했습니다. 교육부 영양·식생활교육 콘텐츠 개발 지원사업 크리에이터로 선정되어 관련 콘텐츠를 제작하기도 했어요.

이처럼 영양교사로서의 경험을 바탕으로 학교를 넘어 다양한 방식으로 활동 영역을 확장해 나가고 있습니다. 이러한 추가적인 활동들이 제게는 일이면서 동시에 취미가 되어 큰 즐거움을 주고 있습니다.

편 여기서 다 소개할 수 없을 만큼 다양한 활동을 하고 계신 것 같아요. 매일 수백 명의 학생들이 먹을 급식을 준비하는 일도 만만치 않을 텐데, 이렇게 적극적으로 활동의 영역을 넓히는 이유가 따로 있으신가요?

이 영양사로서 오랜 시간 쌓은 지식과 경험을 토대로 영양사의 발전과 영양교육의 전문성을 강화하기 위한 목적이 크지요.

네이버에서 진행한
〈영양쌤과 영양talktalk〉
오디오클립 채널 활동을 비롯해
여러 온라인 채널에서 영양 관련
한 콘텐츠 활동을 하고 있어요.

편 오늘 인터뷰에 응하신 것도 그 연장선인 것 같다는 생각이 들어요.

이 네, 맞아요. 잡프러포즈 시리즈의 하나로 영양사라는 직업을 소개하자는 제안을 받았을 때 제가 그동안 쌓아온 경험과 지식을 미래세대인 청소년들과 나누고 싶다는 마음이 컸어요. 인생의 선배로서, 이 길을 먼저 걸어본 사람으로서 '내가 잘 선택한 건가?', 또는 '이 직업이 과연 전망이 있을까?'하는 물음을 가진 사람들에게 이제는 자신 있게 들려줄 말이 생겼더라고요. 신입 영양교사들을 보면 꼭 30여 년 전의 저를 보는 것 같아요. "지금 알았던 것을 그때 알았더라면…"이라는 문구가 저절로 떠오르면서 그들을 토닥거려주고 싶은 마음이죠. (웃음)

편 선생님과 이야기를 나누는 잠깐에도 이 직업에 대한 자부심을 느낄 수 있는데, 초임 때는 좀 힘드셨어요?

이 저를 만나본 사람들이 저보고 처음부터 이 일을 좋아하고 잘했을 것으로 생각하지만, 사실 저도 처음에는 나에게 맞지 않는 직업을 선택했다는 자책감으로 힘든 날이 많았어요. (웃음) 부임한 첫 학교에서 "급식이 맛없다", "싱겁다", "다른 학교에서 배워 와라"라는 말을 들으며 자존심이 상해 눈물 흘리는 날도 많았어요. 또 성격이 덜렁거려서 국에 들어갈 파를 빠뜨리고 발주해 당황한 적도 있지요. 사실 이 일을 하려면 꼼꼼해야 하거든요. 정해진 예산에 맞춰 식단 및 소요 경비를 계획하고, 발주하고, 식중독 위험이 발생하지 않도록 식재료를 검수하는 일 등을 꼼꼼하게 하고 위생 관련 다양한 규정도 깐깐하게 확인해야 하고요. 그뿐 아니라 식단을 작성할 때도 조리기구가 겹치지는 않는지, 식단에 음식의 색이 겹치지는 않는지, 맛이 겹치지는 않는지, 레시피 대로 정확하게 식재료들이 발주되었는지 등을 확인해야죠. 작은 실수라도 있으면 급식에 큰 차질을 불러올 수 있기 때문이에요. 영양사는 보통 혼자서 업무를 책임지니까 스스로에게 엄격해지는 것 같아요. 저는 영양사가 되기 전에는 매우 덜렁대던 성격이었는데, 실수가 큰 파장을 미칠 수 있어 긴장하며 직장 생활을 하다 보니 요즘은 누구보다 꼼꼼하게 일 처리를 하는 성격으로 변했어요. (웃음)

편 포기하지 않고 극복하셨기 때문에 이렇게 자긍심 넘치는 선생님이 되지 않았을까요?

이 영양사는 매일 평가받는 직업이에요. 그래서 맛과 영양을 신경 쓰지 않을 수가 없는데, 저는 신규 시절 뭐가 맛있는지 그 기준을 모르겠는 거예요. 맛이라는 게 너무나 주관적이 잖아요. 누구는 맛있다 하고 누구는 맛없다 하는데 거기서 저의 중심을 잡는 게 처음엔 어려웠어요. 제 나름대로 엄청나게 노력하는 데도 만족스럽지 않았죠. 이렇게 초반에는 좌충우돌을 많이 했어요. 그러다 어느 순간 제가 급식 철학을 가지게 되었어요. 아이들에게 좋은 급식을 주자, 내가 부끄럽지 않은 급식을 주자고 마음먹었죠. 제가 영양교육을 하면서 아이들한테 가공식품 먹지 말아라, 싱겁게 먹어라, 이런 이야기를 강조하는데, 급식에 가공식품을 많이 사용하면 제 말과 행동이 맞지 않잖아요. 아이들에게 건강한 급식을 제공해야겠다는 급식 철학을 가지고 실천하면서 아이들과 학부모, 선생님들도 저의 급식을 좋아하게 되었어요. 그때 이 직업을 포기했더라면 지금의 보람과 행복도 없었을 거예요. 그래서 영양사를 꿈꾸는 친구들이 더 정확한 정보를 바탕으로 준비할 수 있도록 도와주고 싶어요.

편 이은영 선생님이 어떤 과정을 통해 지금 경험과 지식이 풍부한 영양사로 성장하셨는지 굉장히 궁금해지는데요. 영양사를 꿈꾸는 학생들이나 현재 초임 영양사로 어려움을 겪고 있는 분들에게 도움이 되기를 바라며 이야기를 시작하겠습니다.

영양사란

영양사는 어떤 직업인가요

편 영양사는 어떤 직업인가요?

이 영양사는 국민의 질병예방과 건강증진을 위해 급식관리 및 영양서비스를 수행하는 보건의료전문가예요. 대학이나 전문대학에서 식품학 또는 영양학을 전공하고 관련 과목에서 일정 학점 이상을 이수한 후 한국보건의료인국가시험원에서 시행하는 영양사 시험에 합격하면 보건복지부 장관 명의의 면허를 받게 됩니다. 국민영양관리법 제17조에 영양사가 수행할 업무가 나와 있는데요. 첫째, 건강증진 및 환자를 위한 영양·식생활 교육 및 상담을 해요. 둘째, 식품영양정보를 제공하며, 셋째, 식단을 작성하고 조리된 음식을 검식(음식물에 이상이 없는지 내놓기 전에 먹어 보는 일)하고 배식 관리를 해요. 넷째, 구매한 식품을 검수하고 관리해요. 다섯째, 급식시설을 위생적으로 관리해요. 여섯째, 집단급식소의 운영일지를 작성해요. 일곱째, 종업원에 대한 영양지도 및 위생교육을 실시해요.

조금 어려운가요? 쉽게 말하자면, 영양사는 학교를 비롯한 교육기관, 공공기관, 기업체 등 여러 사람이 단체로 식사하는 곳에서 영양서비스를 제공하는 직업이에요. 식단 계획부터 식재료 선정과 관리, 조리 과정 감독, 식생활 지도, 영양정보 제공과 상담에 이르기까지 급식과 관련한 모든 업무를 총괄하지요. 그중에서 가장 중요한 일은 식단 작성이에요. 식사를 하는 사람들이 건강을 지킬 수 있도록 영양성분이나 열량 등을 고려해야 해요. 또 대량으로 조리해야 하는 특성에 따라 조리 시간이 길고 조리 방법이 복잡한 메뉴는 피해야 하고, 정해진 예산 범위에서 식단을 마련해야 하죠. 조리기구 등 급식과 관련한 여러 물품과 식재료를 관리하고 감독하는 일도 영양사의 몫이에요. 특히 단체급식에서 위생상의 문제가 발생하지 않도록 재료가 신선하고 안전한지, 위생적으로 보관되는지 확인하고 조리시설과 조리기구의 위생도 철저히 관리해야 해요. 최근에는 영양에 관한 관심이 높아지면서 영양상담과 교육 업무가 중요해지고 있는데요. 학교나 병원 등에서 근무하는 영양사의 경우 음식섭취와 영양, 건강과 관련된 상담이나 교육 업무도 담당하고 있어요.

영양에 대한 전문 지식만 많다고 영양사의 업무를 잘 수행할 수 있을까요? 아니에요. 영양사는 급식의 조리를 담당하는 여러 사람을 관리하고 지도해야 해서 리더십도 필요하고, 급식을 먹는 사람들이 선호하는 음식을 파악해 예산과 조리 시간 등을 꼼꼼하게 살펴 식단을 짜야 하고, 조리 과정에서 발생하는 돌발 상황에도 적절하게 대처하는 순발력도 필요해요.

영양사는 각 업장에서 이러한 직무를 수행하는 직업이라고 생각하시면 됩니다. 그리고 세부 업무에 따라 크게 일반 영양사, 영양교사와 임상영양사로 나뉘어요. 대부분 회사나 학교, 병원, 복지시설 등에서 급식관리를 하는데, 일부 영양사는 국민건강이나 급식행정과 관련된 보건 정책이나 연구활동을 하지요.

영양사와 영양교사, 임상영양사는
어떻게 다른가요

편 영양사는 세부 업무에 따라 크게 일반 영양사, 영양교사와 임상영양사로 분류된다고 하셨어요. 어떤 차이가 있나요?

이 영양사로서 기본적인 업무는 같지만, 급식의 대상이 누구냐에 따라 구체적인 업무가 조금 달라지기 때문에 구분하는 거예요. 보통 영양사라고 하면 일반 영양사를 말하는데, 주로 산업체에서 급식관리 업무를 수행해요. 영양교사는 학교에서 학생들을 대상으로 영양사의 업무와 함께 교육도 하고, 임상영양사는 질병의 예방과 관리를 위해 임상영양치료를 전문적으로 수행한다는 게 달라요.

편 구체적으로 필요한 자격과 업무가 어떻게 다른지 알려주세요.

이 세분화된 업무에 따라 전문성이 요구되기 때문에 취득해야 하는 자격에 차이가 있어요. 영양사는 앞에서 말한 것처럼 영양과 식단에 관한 전문 지식을 활용하여 식단을 계획하고, 영양·식생활 교육과 상담, 급식의 전반적인 관리 등의 업무를 수행하는 사람을 말해요. 모든 영양사는 식품학 또는 영양학을 전공하고 국가면허시험을 볼 자격을 획득한 후 시험을 통과하면 면허를 취득하는데요. 일반 영양사는 영양사 면허만으로 산업체 및 관공서, 어린이급식관리지원센터 등에 취업을 할 수 있어요. 그런데 영양교사나 임상영양사가 되려면 영양사 면허 외에 추가적인 자격이 더 필요해요. 영양교사는 대학에서 식품학 및 영양학 관련학과 졸업자로 재학 중 교직 이수를 하거나 대학에서 교직 이수를 하지 못한 경우 교육대학원(영양교육 전공)에 진학하여 영양교사 2급 자격증을 취득해야 해요. 자격을 갖춘 후 교원임용시험에 합격하면 학교에 배치되지요. 임상영양사는 영양사 면허 취득 후 임상영양사 교육기관(대학원) 과정을 수료하고 보건복지부 장관 지정 기관에서 1년 이상 영양사 실무 경력을 쌓은 후 보건복지부장관이 실시하는 임상영양사 자격시험에 합격해야 해요.

편 영양교사제도는 왜 도입된 건가요?

이 학교급식의 질을 높이고, 학생들의 건강한 식습관 형성을 돕기 위해 도입되었어요. 예전에는 주어진 예산 내에서 다수에게 효율적으로 급식을 제공하는 게 목적이었다면 이제는 건강한 식생활 교육이 중요해졌기 때문이죠. 사회가 발전하고 경제적으로 풍요로운 시대가 되었는데 오히려 어린이와 청소

원

활문제   골고루 먹어야 하는 이유를 알고
        골고루 먹기를 실천해봅시다.

1   골고루 먹기 실천방법 찾아보기

2   건강 밥상 차려 보기

3   우리반 건강나무 만들어보기

피부를 건강하게 해줘요
변비를 예방해요
면역력을 높여줘요   힘을 내요   흠을 만들어요   키가 커져요

3교시 - 영양
4교시 - 도서실

학생들의 영양수업과
학부모를 대상으로 한
영양 강의도 하고 있어요.

균형 잡힌 식단으로 건강을 디자인하는
영양사

35

년의 영양상태는 좋아지지 않았어요. 가공식품을 많이 섭취하는 것이 건강에 해롭다는 것은 오래전부터 알려진 사실이고, 요즘엔 음료에 다량 들어 있는 액상과당의 위험성이 더욱 부각되어 큰 문제로 떠올랐어요. 이렇게 건강하지 않은 식생활로 인해 요즘 30~40대가 부모 세대인 50~60대 중장년층보다 성인병에 걸릴 위험성이 높고 각종 건강수치가 좋지 않아 가속노화 현상이 일어나고 있다고 해요. 이 문제를 해결하려면 식습관과 식행동의 변화가 일어나야 하는데, 어렸을 때 길러진 습관과 행동은 쉽게 고쳐지지 않는다는 거예요. 그래서 어렸을 때 균형 잡힌 식사를 하는 식습관을 몸에 익히는 게 중요해요. 그런데 그 역할을 누가 할 수 있을까요? 학부모의 가정교육만으로는 한계가 있어요. 그럴 때 도움이 되는 기관이 학교이고, 도움을 주는 사람이 영양교사인 거죠. 이런 목적으로 영양교사제도가 만들어졌고, 현재 학교에서 많은 영양교사가 학생들의 건강한 식습관을 위해 교육과 상담을 실시하고 있어요.

편 영양교사는 영양사이면서 교사의 역할을 하는 거네요?

이 맞아요. 식단을 작성하고 식재료를 선정하고 검수하는 등의 일은 모든 영양사가 하는 일이지만, 교사로서 학생들을 대

• 영양사, 영양교사, 임상영양사 직무

출처 : (사)대한영양사협회

영양사	영양교사	임상영양사
국민영양관리법 제17조 (영양사의 업무) 영양사는 다음 각 호의 업무를 수행한다. 1. 건강증진 및 환자를 위한 영양·식생활 교육 및 상담 2. 식품영양정보의 제공 3. 식단작성, 검식(檢食) 및 배식관리 4. 구매식품의 검수 및 관리 5. 급식시설의 위생적 관리 6. 집단급식소의 운영일지 작성 7. 종업원에 대한 영양지도 및 위생교육	**학교급식법 시행령 제8조 (영양교사의 직무)** 법 제7조제1항에 따른 영양교사는 학교의 장을 보좌하여 다음 각 호의 직무를 수행한다. 1. 식단작성, 식재료의 선정 및 검수 2. 위생·안전·작업관리 및 검식 3. 식생활 지도, 정보 제공 및 영양상담 4. 조리실 종사자의 지도·감독 5. 그 밖에 학교급식에 관한 사항	**국민영양관리법 시행규칙 제22조(임상영양사의 업무)** 법 제23조에 따른 임상영양사(이하 '임상영양사'라 한다)는 질병의 예방과 관리를 위하여 질병별로 전문화된 다음 각 호의 업무를 수행한다. 1. 영양문제 수집·분석 및 영양요구량 산정 등의 영양판정 2. 영양상담 및 교육 3. 영양관리상태 점검을 위한 영양모니터링 및 평가 4. 영양불량상태 개선을 위한 영양관리 5. 임상영양 자문 및 연구 6. 그 밖에 임상영양과 관련된 업무

상으로 식생활 지도를 하고 영양정보를 제공하며 영양상담을 추가로 하는 게 다르지요. 실제로 학급을 찾아가 영양교육을 하고 영양상담이 필요한 학생과 학부모를 대상으로 상담업무도 하고 있어요.

편 임상영양사는 어떤 일을 전문적으로 하나요?

이 임상영양사는 병원, 요양시설, 클리닉 등의 의료 현장에서 환자의 건강상태와 개별적인 영양 요구에 맞춰 영양 치료 및 상담을 제공하는 전문가인데요. 이들의 주요 목표는 영양관리와 식이 요법을 통해 환자의 질병 치료와 회복을 돕는 거예요. 그러기 위해서 먼저 의료진과 협력해 환자의 질병, 체중, 식습관, 검사 결과 등을 바탕으로 영양상태를 평가하고 환자의 나이, 성별, 체중, 활동 수준, 질병 상태를 고려해 필요한 열량과 영양소를 계산하지요. 예를 들어 만성 신부전 환자라면 단백질 섭취를 제한하고 칼륨과 나트륨을 조절하는 식단이 필요하고, 당뇨 환자는 혈당 조절을 위한 저탄수화물 식단이, 심혈관 질환자는 저염, 저지방 식단이 필요해요. 이렇게 각 환자의 질병 상태와 치료 목표에 맞춘 식단을 설계하고 필요하다고 판단되면 비타민, 미네랄 또는 단백질 보충제를 추천합니다. 임상영양사는 환자의 회복을 위해 환자와 보호자에게 건강한 식습관과 식단 관리 방법을 교육해요. 간 질환 환자라면 음주 제한과 특정 음식을 피해야 하는 이유를 설명하고 질병 관리에 필요한 영양정보를 이해하기 쉽게 전달하여 일상생활에서 실천할 수 있도록 조언하죠.

음식을 먹을 수 없는 환자도 있는데요. 이럴 때 환자에게 튜

브를 통해 필요한 영양소를 공급거나 소화 기능이 손상된 환자에게 정맥으로 영양소를 직접 주입하는 등의 영양 지원 치료를 해요. 이 과정에서 환자에게 필요한 적절한 열량과 필수 영양소가 제공되도록 세심하게 관리하는 게 중요하지요. 또 당뇨병, 고혈압, 신장질환, 암 등 장기적인 관리가 필요한 환자의 영양관리를 하고, 미숙아나 특정 질환으로 인해 특별한 영양관리가 필요한 어린이에게 적절한 영양 공급을 하며, 노인 환자라면 소화 및 흡수 문제를 고려한 식단을 설계해요. 그리고 환자 영양상태와 질병 회복의 관계를 분석해 새로운 영양 치료 방법을 개발하는 임상 연구에 참여하고, 다른 의료진에게 영양 치료의 중요성과 최신 지식을 공유하는 일도 하지요.

우리나라의 영양사 활동의
역사가 궁금해요

편 우리나라에서 영양사가 활동하기 시작한 것은 언제인가요?

이 1929년 이화여자전문학교에 가정과가 창설되었는데, 여기에서 과학지식에 근거한 영양학을 교육하기 시작했지요. 1945년 해방 이후 고등교육기관이 여럿 설립되면서 가정과 교과 과정에 영양학이 필수과목으로 책정되었고, 1950년대 후반부터 가정대학을 졸업한 전공자들이 병원에서 급식 책임자로 일하게 되면서 영양사라는 명칭을 사용하기 시작했어요. 1950년대 한국전쟁 직후에는 국민의 영양상태가 매우 열악했기 때문에 영양 결핍 문제 해결이 중요한 사회문제였고, 자연스럽게 이 시기에 영양사의 필요성이 논의되기 시작했지요.

편 영양사 면허제도가 마련된 것은 언제인가요?

이 1961년 전문성을 갖춘 영양사 양성의 필요성을 느낀 초급대학 및 4년제 대학교수를 중심으로 한국영양사양성연합회가 설립되고, 협회에서 정부에 영양사 면허제도를 건의했어요. 그 결과 1962년 식품위생법이 제정되면서 영양 개선 및 식생활

학교 급식실 풍경

안전의 문제가 국가적인 차원에서 다루어지게 되었으며, 영양사 제도가 법적으로 도입되었지요. 이후 1963년 영양사에 관한 규칙이 공포되면서 영양사의 자격 조건이 규정되었고, 그에 따라 전문적인 영양사 양성이 본격적으로 이루어지게 되었습니다.

편 영양사 면허 제도가 정착된 게 꽤 오래 전이네요.

이 현업에 종사하는 영양사가 꽤 많은데도 그 역사를 모르는 사람이 많아요. 집단급식소에 영양사 배치가 법제화된 게 1967년이에요. 벌써 60년 가까이 되었죠. 1982년 의료법 시행 규칙에 따라 병원에서 반드시 영양사를 배치하는 게 의무화되었고요. 이런 연유로 현재 우리나라의 경우 취업한 영양사의 87%가 사업체, 초·중·고등학교, 병원 등의 집단급식소에서 근무하는 거랍니다.

편 전국 초·중·고교에 급식이 전면적으로 실시되면서 영양사라는 직업이 사람들에게 더 알려진 것 같기도 해요.

이 그 영향이 크죠. 1981년에 학교급식법이 만들어졌는데, 이게 학교급식의 질을 높이고 학생들의 건강한 성장을 돕는 게 목적이었어요. 그러면서 학교급식의 중요성이 더 강조됐고, 전국의 초·중·고교에 급식을 확대하는 정책이 추진되었어요. 그리고 2003년에는 또 다른 중요한 변화가 있었어요. 초·중등교육법과 학교급식법이 개정되면서 영양교사제도가 생겼거든요. 영양교사는 일반 영양사와는 달리 교사 자격증이 필요해요. 그래서 영양교사로 일하려면 추가로 공부를 더 해야 하는 거죠. 이런 변화들이 있으면서 영양사라는 직업이 더 주목받게 되고, 사람들도 영양사에 대해 더 잘 알게 된 것 같아요.

 편　선생님과 이 직업의 역사를 간략하게 되짚었는데, 현재와 가까워지면서 일의 범위나 역할이 점점 더 확장되고 있다는 느낌이에요.

 이　맞습니다. 처음에는 영양사의 역할이 건강한 식단을 짜고 조리하는 과정을 관리해 급식을 제공하는 정도였다면, 지금은 보건소, 학교, 지역 등에서 아이들부터 노인과 환자에 이르기까지 영양교육을 담당하는 역할도 하고, 균형 잡힌 식사가 필요한 사람들에게 영양상담도 하는 등 그 역할이 증대되었어요. 그만큼 식단과 건강이 직결되어있다는 것이 과학적으로도 증명되었기 때문에 영양사가 사람들의 삶에 실질적인 변화를 불러올 정도로 영향을 미치는 직업이라는 게 확인된 거죠.

영양사의
세계

급식은 어떻게 운영하나요

🔲 영양사가 수행하는 업무에 대해 설명해주세요.

🔵 영양사는 단체급식소에서 급식운영에 대한 전반적인 운영과 관리를 하는 게 주 업무인데요. 먼저 식단을 작성하는 것부터 시작해요. 식단은 월간, 주간, 일간 단위로 작성하고, 급식 이용자들의 나이와 건강상태 등에 따라 메뉴는 달라져요. 급식 대상자에 맞게 설정된 영양기준을 충족하면서도 기호도를 고려한 식단이어야 해요. 식단을 작성했으면 조리에 필요한 식재료를 선정하고 주문해요. 이때, 적정한 양을 주문하고 재고를 관리하는 게 중요해요. 식재료의 신선도와 위생을 위해 불필요한 재고가 쌓이지 않도록 해야 해요. 또 재고가 지나치게 많이 쌓이거나, 급하게 필요할 때 사용하지 못할 만큼 너무 없으면 곤란하므로 최적 수준으로 관리하는 것이 중요해요. 급식시설에는 조리를 전문으로 하는 조리(실무)사들이 있어요. 영양사는 조리(실무)사들의 조리 과정을 관리하고 조리된 음식을 검식한 후 배식을 하지요.

🔲 식단을 짤 때 고려해야 하는 것들은 무엇인가요?

🔵 영양사가 식단을 짤 때 고려해야 하는 것들에는 여러 가

지가 있는데요. 먼저, 피급식자들의 나이와 건강상태를 고려해야 해요. 어린이, 성인, 노인 등 연령대에 따라 필요한 영양소와 열량이 조금씩 다르거든요. 다음으로는 영양 균형이 중요해요. 탄수화물, 단백질, 지방의 비율을 잘 맞춰야 하고, 비타민과 무기질도 골고루 들어가야 해요. 제철 식재료도 적극적으로 활용해야 하는데요. 제철 식재료는 신선하고 영양가도 높기 때문이에요. 또, 먹는 사람들의 기호도 고려해야 해요. 맛있게 먹어야 영양도 제대로 섭취할 수 있으니까요.

경제적인 면도 중요해요. 예산 범위 내에서 질 좋은 식사를 제공해야 하기 때문이지요. 같은 재료라도 조리법에 따라 맛과 영양이 달라질 수 있으니 조리 방법도 다양하게 해야 하고, 색깔이나 질감도 서로 중복되지 않게 구성하는 것이 좋습니다. 그 밖에도 조리 시간, 급식 기구, 조리(실무)사의 조리 기술 등도 고려해서 식단을 작성하게 됩니다.

편 식재료를 선정할 때 주의해야 하는 것도 있나요?

이 단순히 영양소를 고려하는 것뿐만 아니라, 안전성, 신선도, 예산, 계절성 등 여러 요소를 종합적으로 판단해야 해요. 먼저, 급식은 많은 사람들이 함께 먹는 식사이기 때문에 식중독이 발생하지 않도록 안전한 식재료를 고르는 것이 중요합니다. 그러려면 HACCP 인증을 받은 업체의 제품 등 신뢰할 수 있는 업체에서 생산된 제품으로 선정해야 하고, 해로운 식품 첨가물이 있지 않은지, GMO 식품은 아닌지 확인해야 해요. 그리고 품질도 신선하고 좋은지, 소비기한이 충분히 남아 있는 제품인지, 포장이 파손되지 않았는지 확인해요. 특히 캔 제품은 찌그러지거나 부풀지 않았는지 봐야 해요.

또한, 각 급식소의 식재료 구매 기준에 맞는 식재료를 선정해야 하는데요. 예를 들어 학교의 경우 가급적 국내산, 친환경 농산물, 무항생제 축산물을 사용하고 있는 만큼 그 기준에 맞게 구매해야 해요. 계절에 맞는 제철 식재료를 사용하고 식품의 종류를 다양하게 사용해서 영양 균형을 맞추는 것도 필요합니다. 예산 범위 내에서 품질 좋은 재료를 선택하는 것도 중요한데요. 급식은 정해진 예산에 맞춰 제공되어야 하므로 계산을 잘못하여 예산을 초과하게 되면 정말 곤란한 상황이 발생하기 때문이에요. 원산지나 보관 기준 같은 표시 사항이 제대로 되어 있는 제품으로 선정하는 것도 중요하고요.

편 성인이 아닌 성장기 학생들의 급식을 운영하기 때문에 더 신경 쓰는 것이 있나요?

이 제가 초등학교 학생들을 위해 가장 신경 쓰는 부분은 영양관리와 식품 선택이에요. 건강하게 자라려면 여섯 가지 영양소를 골고루 섭취하는 것이 중요하기 때문에 균형 잡힌 식단을 구성하는 데 신경 쓰고 있어요. 아이들은 어릴 때 접한 식품을 익숙하게 여기고 잘 먹는 경향이 있어서 곡류, 채소류, 과일류, 어육류, 콩류, 유제품 등 다양한 식품을 자연스럽게 경험할 수 있도록 급식을 운영하고 있어요. 또한, 채소나 생선 등 아이들이 기피하는 식품의 경우 아이들 입맛과 편식도 고려해서 다양한 조리법을 활용해요. 그냥 주면 안 먹는 채소도 볶음밥이나 소스에 넣어서 자연스럽게 먹게 하거나, 생선의 경우 강정 식으로 만들면 잘 먹거든요. 색감이 예쁜 음식으로 만들어서 흥미를 끌기도 하죠.

초등학교는 매운 음식을 잘 먹지 못하는 아동의 특성상 너무 자극적이거나 매운 음식은 급식으로 제공하지 않고 있어요. 좀 덜 맵게, 덜 짜게 나가죠. 식재료를 고를 때도 훨씬 더 깐깐하게 살펴봐요. 학교급식 기본방향에 나온 식재료 기준을 준수해서 선택하고 있는데요. 되도록 국산 제품으로 친환경, 무항생제 제품을 사용하려고 하고 있어요. 김치의 경우 주재료인 배추와 무는 물론 모든 양념까지 국내산을 사용한 것을 선택하고 고추장, 된장, 간장 등 양념을 사용할 때도 GMO 식품이 아닌 것으로 선택하고 있지요. 가공식품보다는 되도록 수

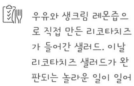 전날부터 사골을 우려서 만든 설렁탕, 급식실에서 발효시켜 만든 생딸기 수제 요거트

우유와 생크림 레몬즙으로 직접 만든 리코타치즈가 들어간 샐러드. 이날 리코타치즈 샐러드가 완판되는 놀라운 일이 일어났어요.

제로 만들어서 제공하려고 하고 있고요.

무엇보다 식중독 예방과 급식 안전 관리가 최우선이에요. 면역력이 약한 아이들은 작은 문제에도 영향을 받을 수 있어서 식재료 신선도, 위생 관리, 알레르기 유발 식품 표시까지 철저히 관리하고 있어요.

편 어린 시절의 식습관이 평생 간다는 말이 있는데요. 학교급식은 학생들이 바른 식습관을 가질 수 있는 계기인 것 같아요.

이 어릴 때부터 우리 몸에 필요한 6대 영양소를 골고루 섭취하고, 당분과 나트륨을 적게 먹는 입맛을 길들이면 평생 스스로 영양관리를 할 수 있어요. 영양관리는 곧 식품 선택과 연결되기 때문에 건강한 맛에 익숙해지면 자연스럽게 건강하고 안전한 식품을 선택하게 되죠. 그래서 저도 아이들이 그런 입맛을 가질 수 있도록 되도록이면 직접 만든 음식을 제공하려고 노력해요. 후식도 급식실에서 직접 만든 요거트와 신선한 과일을 제공하고요. 다행히 아이들도 잘 먹고 있고, 학부모님들도 저의 방침을 지지해 주세요. 다만, 어린이날이나 운동회, 종업식같이 특별한 날에는 아이들이 좋아하는 케이크나 햄버거 등을 제공하기도 한답니다.

● 3월 학교급식 안내 3월 예정식단(20회)

월	화	수
열량/단백질/칼슘/철	열량/단백질/칼슘/철	열량/단백질/칼슘/철
3월 4일	3월 5일(잔반없는날)	3월 6일
현미밥 냉이된장국(5.6.18) 돼지불고기(5.6.10.13) 수제연근부각(5.6.13) 배추김치(9) 청포도 598.7/24.3/131.6/3.8	단호박카레라 이스(1.2.5.6.10.12.13.16.18) 수제치킨케사디아(2.5.6.12.13.15) 오이배무침(13) 깍두기(9) 딸기 624.2/25.3/161.1/2.1	귀리밥 황태무국(5.6) 돼지고기김치찜(5.6.9.10.13) 가자미아몬드강정(5.6.13.18) 수제들기름건파래볶음(13) 사과 625.7/36.7/206.3/3.1
3월 11일	3월 12일	3월 13일<그린급식>
흑미밥 우렁된장찌개(5.6.9.18) 돼지갈비찜(5.6.10.13) 숙주미나리무침 깍두기(9) 배 우유(2) 601.3/29.4/273.6/2.4	발아현미밥 김치콩나물국(5.9) 연어스테이크(1.5.6.12.13) 오이고기볶음(5.6.13.16) 총각김치(9) 사과 우유(2) 591.4/20.9/275.8/2.0	뿌리채소밥(5.6.13.16) 달래양념간장(5.6.13) 유부실파국(5.6) 수제인절미토스트(2.4.5.6.14) 배추김치(9) 한라봉 우유(2) 634.1/30.0/542.7/3.7
3월 18일	3월 19일	3월20일(잔반없는날)
흑미밥 쑥국(5.6.18) 닭다리오븐구이(5.6.12.13.15.18) 골뱅이채소무침(5.6.13.17) 배추김치(9) 바나나 우유(2) 599.3/31.0/278.8/3.2	차조밥 시래기감자탕(들깨) (5.6.10) 임연수카레구이(2.5.6.12.13.16) 수제녹두전(6.9.10) 깍두기(9) 대추방울토마토(12) 우유(2) 628.2/29.8/260.8/5.1	비빔밥(5) 소고기볶음고추장(5.6.10.13.16) 어묵국(1.5.6.9) 달걀프라이(1) 배추김치(9) 딸기 우유(2) 612.6/26.1/320.7/3.1
3월 25일	3월 26일	3월 27일(개교기념일)
흑미밥 새알심 만두국(1.5.6.9.10.15.16.18) 수제치킨텐더(1.2.5.6.13.15.18) 도토리묵무침(5.6.13) 배추김치(9) 천혜향 우유(2) 618.4/31.0/276.1/1.8	발아현미밥 달래두부된장국(5.6) 한우불고기(5.6.13.16) 참나물바지락전(1.5.6.17.18) 총각김치(9) 사과 우유(2) 617.8/29.8/277.3/4.0	기장밥 쇠고기미역국(5.6.16) 두부양념구이(오븐) (5.6.13) 해물잡채(5.6.9.13.17.18) 배추김치(9) 쵸코호박떡케이크(4.5.6.14.19) 우유(2) 624.0/24.8/292.9/4.2

목	금
열량/단백질/칼슘/철	열량/단백질/칼슘/철
3월 7일	3월 8일
차수수밥 들깨미역국(5.6) 쇠고기메추리알장조림(1.5.6.13.16) 부추전(오징어)(6.17) 총각김치(9) 파인애플 585.0/24.1/146.3/3.5	기장밥 육개장(5.6.16) 갑오징어숙회/브로콜리/초고추장(5.6.13.17) 감자허브햄조림(2.5.6.10.13.15.16) 깍두기(9) 수제플레인요거트(2.13) 586.3/23.6/156.9/2.2
3월 14일	3월 15일
차수수밥 쇠고기무국(5.6.16) 멸치콩강정조림(5.6.13) 마파두부(5.6.10.12.13.18) 배추김치(9) 대추방울토마토(12) 우유(2) 591.1/29.0/302.4/3.3	귀리밥 들깨수제비국(5.6.9) 훈제오리/무쌈(1.5.6.13) 호박올방개묵무침 총각김치(9) 포도 우유(2) 586.6/16.3/323.7/2.0
3월 21일	3월 22일
검정콩밥 황태감자국(1.5.6.13) 편육장조림(5.6.10.13) 쟁반막국수(메밀) (3.5.6.13.16) 보쌈김치(잣)/무말랭이(9.19) 사과 우유(2) 623.0/35.4/262.8/2.5	보리밥 한방오리곰탕 주꾸미단호박치즈구이(2.5.6.12.13.18) 유채나물무침(5.6) 깍두기(9) 파인애플 우유(2) 616.9/27.5/311.8/3.1
3월 28일(잔반없는날)	3월 29일
자장면(2.5.6.10.13.16) 찹쌀수제탕수육/소스(5.6.10.11.13) 단무지 대추방울토마토(12) 우유(2) 615.9/34.8/249.2/2.4	강황밥 순두부찌개(5.6.9.10.13.18) 수제떡갈비오븐구이(2.5.6.10.13.16) 크래미초무침(1.5.6.13) 총각김치(9) 파인애플 우유(2) 612.4/31.5/288.3/4.2

※ 알레르기를 유발할 수 있는 대표식품 19종을 표시합니다. 학생 체질에 맞게 먹을 수 있도록 지도해 주시기 바랍니다.

1.난류	11.복숭아
2.우유	12.토마토
3.메밀	13.아황산염
4.땅콩	14.호두
5.대두	15.닭고기
6.밀	16.쇠고기
7.고등어	17.오징어
8.게	18.조개류
9.새우	(굴,전복,홍합포함)
10.돼지고기	19.잣

학교급식 식재료 원산지

쌀.잡곡	국내산(무농약)
쇠고기	국내산 (한우)
돼지고기, 닭고기	국내산(무항생제)
식육가공품	행육가공-국내산
김치류	국내산
수산물	오징어-국산, 명태(동태,북어,코 다리)-러시아, 오징어가공품-국산
콩 및 두부류	국내산

*식단은 급식 물품 수급 상황에 따라 변경될 수 있습니다.

조리는 누가 하나요

편 영양사의 업무를 보면 조리는 제외인데요. 조리를 담당하는 사람들은 누구인가요?

이 조리사와 조리실무사가 담당하고 있어요. 조리사는 조리사 면허를 가지고 있고 조리 업무 외에 조리 관련 업무를 총괄해서 관리하는 사람이에요. 그리고 급식 인원수에 따라 여러 조리실무사가 배정되어 조리하고 있지요.

편 실제로 음식을 조리하는 조리(실무)사들을 관리 감독하는 업무도 중요할 것 같아요.

이 네, 맞아요. 조리(실무)사들의 역할은 학교급식의 질을 결정하는 중요한 요소 중 하나이기 때문에 관리·감독이 매우 중요해요. 아무리 좋은 식단을 계획해도 조리 과정에서 음식의 맛과 품질이 달라질 수 있기 때문이죠. 또한, 위생 관리와 안전한 조리법을 철저히 준수하는지도 지속적으로 점검해야 해요. 학생들의 건강과 직결되는 일이기 때문에 조리(실무)사분들이 사명감을 가지고 일할 수 있도록 돕는 것도 중요한 역할 중 하나예요. 조리 환경을 원활하게 조성하고, 소통을 통해 급식의 질을 더욱 향상시키는 것이 관리·감독의 핵심이라고 생각해요.

편 단체급식을 조리하는 일이 힘들다고 들었어요.

이 힘들죠. 우리 학교는 860명 정도의 학생과 교직원이 급
식을 먹는데, 1명의 조리사와 5명의 조리실무사가 함께 급식
을 만들고 있어요. 수제로 만드는 음식이 많은 편이라 다른 학
교의 조리(실무)사보다 일이 더 많다고 할 수도 있어요. 그래서
저는 일이 힘들었을 때마다 항상 "수고하셨습니다"라고 인사
하며, 감사의 마음을 전하려고 노력하고 있고, 또 기회가 있을
때마다 학생들과 선생님들에게도 조리(실무)사님들의 노고를
이야기하고 있어요.

위생 관리는 어떻게 하나요

편 급식을 준비할 때 위생과 안전을 지키는 게 중요할 것 같아요.

이 위생과 안전은 가장 우선순위에 두어야 하는 기본적인 일이에요. 영양사가 출근해서 가장 먼저 하는 일은 조리(실무)사들의 건강 체크와 급식실(조리실)의 위생 점검이에요. 조리(실무)사 중에 전염이 되는 병이나 염증이 있는지 확인하고 그런 질병이 의심된다면 조리 실무에서 배제해요. 이상 없으면 위생복으로 갈아입고 머리에는 위생 모자를, 입에는 마스크를 쓰지요. 고무장갑을 끼기 전에 손톱솔에 비누를 묻혀 손톱까지 깨끗하게 손을 씻어요. 여기서 끝이 아니에요. 위생복 위에 방수 앞치마, 방수 토시, 미끄러지지 않는 고무장화 등의 보호 장구를 착용해요. 급식실은 뜨거운 물과 끓는 기름을 다루어 조리하고 칼, 가위 등 위험한 도구들을 사용하기 때문에 위생과 안전을 동시에 챙겨야 하니까요.

편 식재료를 준비하고 조리하는 과정에서 오염이 일어날 수도 있는데요. 어떻게 방지하시나요?

이 급식은 검수, 전처리, 조리, 세척의 과정을 거치는데, 각 작업 단계마다 다른 색깔의 앞치마와 고무장갑을 착용해요. 식재료가 오염되지 않도록 하기 위해서지요. 또 칼과 도마, 국자, 가위 같은 조리 도구들은 모두 소독한 것을 사용하고, 특히 칼과 도마는 색깔을 달리해 재료에 따라 철저히 구분해서 사용해요. 김치, 익히기 전 채소, 익힌 후 채소, 고기, 해산물만 쓰는 칼과 도마가 따로 있어요. 식판과 수저, 젓가락 등 학생들이 직접 사용하는 모든 기구는 당연히 매일 소독하고요.

편 급식에 익히지 않은 채소와 과일이 나올 때도 있는데, 그냥 물로 씻어서 나오는 걸까요?

이 아니에요. 익히지 않은 채소와 과일은 모두 소독해서 나가요. 상추는 하나하나 씻고, 오이는 굵은소금으로 문질러 씻은 후 소독액에 넣어 소독해요. 생으로 먹는 채소는 식중독을 일으키는 균이 있을 수 있어 반드시 소독하는 과정을 거치는데요. 안정성이 검증된 소독액을 사용하고, 소독한 후 3번이나 흐르는 물에 씻기 때문에 걱정 없이 맘껏 먹어도 돼요.

편 위생적으로 음식을 조리하기 위해 관리를 철저히 하시는군요.

이 학교 급식실에는 조리기구를 소독하는 기구, 식기류를 소독하는 기구가 있어요. 급식이 끝나면 내일을 위해 오늘 사용한 모든 장비와 기구를 소독하는 것으로 마무리하지요.

식재료를 검수하는 방법은 무엇인가요

편 식재료마다 검수하는 방법이 다를 것 같아요.

이 식재료는 운반 상태부터 살펴요. 냉장 또는 냉동 상태로 운반되는 식재료는 운반 차량의 타코메타 온도 기록지를 먼저 점검해요. 냉장탑차와 냉동탑차에는 센서로 탑 내부의 온도를 측정해서 기록지로 출력해 주는 장비인 타코메타가 있어요. 식재료를 실은 시간부터 도착한 시간까지 적절하게 온도가 유지되지 않으면 식중독을 일으키는 세균이 자랄 수 있어요. 그래서 기록지를 살펴보고 온도의 변화가 기준치를 넘지 않았는지 살펴보는 거예요. 다음에는 그날 사용할 식재료 목록과 양이 맞는지 확인하고 포장지에 적힌 소비기한을 확인해서 검수지에 적어요. 학교는 양파와 감자 등 껍질을 벗겨서 사용하는 식재료는 껍질 벗긴 것을 사용해요. 흙이 묻은 식재료가 급식실에 들어오면 균도 묻어올 수 있고, 조리(실무)사가 껍질까지 벗기기에는 조리 시간도 너무 모자라기 때문이에요. 껍질을 벗긴 식재료는 반드시 냉장 배송이 되어야 하는데요, 재료를 받으면 그 자리에서 표면 온도를 측정하고 기록해요.

편 고기와 수산물은 어떻게 검수하나요?

이 고기는 색깔과 윤기, 탄력의 정도를 살피고 냄새도 맡아봐요. 소고기는 진한 붉은색을, 돼지고기와 닭고기는 연한 핑크색을 띠는 것이 신선해요. 그 밖에도 국산인지, 무항생제 축산물인지, 축산물 이력도 확인해요. 무항생제 축산물은 항생제나 성장촉진제 등을 사용하지 않고 키운 소, 돼지, 닭, 오리, 달걀 등을 말해요. 축산물도 이력이 있는데요. 소의 경우 어디서 어떻게 키웠고, 언제 어디서 도축되었는지 등 고기가 되는 과정이 기록되어 이력으로 남아요. 또 축산물 원패스라는 사이트에 고기의 정보를 입력해 등급도 확인해요. 학교에서는 이렇게 학생들이 안심하고 먹을 수 있도록 좋은 고기만을 선정해 투명하게 관리합니다.

학교에서 쓰는 수산물은 국의 국물을 내는 국 멸치와 다시마, 조개부터 각종 생선, 오징어, 낙지 등이 있어요. 국 멸치는 예쁜 은빛 색깔에 비린내가 심하지 않은 것이 좋고요, 다시마는 짙은 갈색이나 검은색으로 크기가 크고 두꺼운 것이 맛있는 국물을 내요. 그리고 각종 생선은 신선도를 꼼꼼하게 점검하는데요. 일본에서 방사능 오염수를 바다에 방출하기 때문에 방사능 검사 서류도 잘 살펴보고 있어요.

편 이밖에 또 검수하는 식재료가 있을까요?

이 매일 급식에 나가는 김치도 검수해요. 먼저 소비기한을 살 피고, 재료의 원산지를 살펴요. 배추를 비롯해 김치에 들어간 양념까지 모두 국산으로 만들어졌는지 확인하지요. 또 배추를 씻을 때 어떤 물을 사용했는지도 살펴봐요. 지하수를 사용해 배추를 씻으면 오염될 가능성이 있어서 소독된 수돗물을 사용 해 씻어야 해요. 이렇게 김치가 만들어지는 과정도 체크하고 맛도 봐요. 먹어봐서 너무 익지 않았거나 너무 익었다면 김치 업체에 교환을 요청해요. 그러면 급식 시간에 늦지 않게 교환 해 주지요.

마지막으로 공산품을 검수하는데요. 간장, 고추장, 된장, 식 용유와 같은 양념들과 공장에서 만들어지는 식품은 소비기한 을 꼼꼼히 살피고, 운반 과정에서 포장이 손상된 것은 없는지 확인해 기록해요. 이 정도 하면 식재료 검수는 끝나는 것 같아 요.

조리 중에 발생하는 문제도 있나요

편 조리 과정에서 누군가 실수해서 음식에 문제가 생기는 일도 있나요?

이 왜 없겠어요. 정말 예측하기 어려운 여러 일이 발생하지요. 지난 학교에서 있었던 일이에요. 한창 메뉴가 조리되고 있을 시간에 조리실무사님 한 분이 "선생님, 큰일 났어요" 소리치며 뛰어오시더니, 새로 온 조리실무사님이 한방오리곰탕 메뉴를 위해 오리를 삶아 놓은 물을 버렸다는 거예요. 한방오리곰탕은 갖은 한약재를 넣어 오리를 삶아 건져내 살만 잘게 찢은 후 다시 그 국물에 넣고 끓여서 나가는 메뉴라 국물이 주가 되는 요리예요. 그런데 그 중요한 국물을 버렸다니 정말 큰일이 아닐 수 없더라고요. 그 말을 듣고 시계를 보니 10시 30분을 가리키고 있었어요. 12시 20분에 급식이 나가야 하는데 오리를 새로 주문해 다시 끓일 시간이 부족했어요. 그래서 부랴부랴 공산품 업체에 부탁해서 오리 국물 맛을 낼 수 있는 재료들을 구해 끓여서 나간 적이 있었죠.

편 이런 실수 말고도 갑자기 발생하는 일도 있을 것 같아요.

이 납품된 식재료의 상태가 좋지 않거나 업체의 실수로 수량이 부족하게 납품되었는데 주문 제작되는 제품이라 부족한 수량을 채우지 못해 애를 먹은 적도 있고, 급식을 준비하는 도중 갑자기 수돗물에서 이물질이 나와 수도사업소에 연락하여 급수탱크와 생수로 겨우겨우 급식한 적도 있어요. 조리 중에 보일러가 멈추고, 조리기구와 설비가 고장 나는 일도 일어나요. 그리고 음식을 태우거나 쏟는 일도 있죠. 2024년 배추 파동이 있었을 때는 보쌈김치를 시켰는데 배춧값이 갑자기 많이 오르는 바람에 김치를 납품 못 하겠다고 전날 연락이 왔어요. 부랴부랴 30kg이나 되는 양을 급히 구해 배식 전에 도착하게 하느라 진땀을 흘렸지요. 어떤 날은 여러 가지 일이 한꺼번에 터져서 문제를 해결하느라 계획했던 일을 다 하지 못할 때도 있어요. 조리(실무)사님들 사이에서 의견이 맞지 않아 다툼이 생기거나, 예상치 못한 문제가 발생하는 경우도 있죠. 여러 명이 함께 많은 양의 음식을 조리하려면 손발이 잘 맞아야 하는데 누구 한 사람이 실수하거나 사고가 나서 힘들게 급식을 완성한 적도 있지요. 또 한번은 새로 오신 조리실무사님이 오전에 급식 준비를 하다 말고 힘들어서 못하겠다며 당장 그만둔다고 해서 곤란했던 적도 있었어요. 코로나19 시절에는 조리(실무)사 6명 중 4명이 코로나에 걸려 못 나오니까 당시 경력이 6개월밖에 되지 않았던 조리실무사 2명과 급하게 구한 일용직 조리실무사들과 함께 조리해 겨우 급식을 만든 일도 있었답니다.

편 갑자기 문제가 생기면 당황하지 않으세요?

이 신입 영양교사였을 때 사건 사고가 발생하면 어쩔 줄 몰라서 아주 힘들었어요. 하지만 영양교사로서의 경험이 쌓이면서 문제 해결 능력도 함께 성장하는 것 같아요. 처음에는 예상치 못한 상황에 당황하고 어떻게 대처해야 할지 몰라 힘들어했지만, 다양한 경험을 통해 점차 문제를 해결할 수 있는 능력이 발전했어요. (웃음) 현재도 갑작스러운 문제가 발생하면 여전히 당황스러운 감정이 들지만, 과거에 비해 훨씬 빠르게 상황을 판단하고 대응할 수 있게 되는 것 같습니다.

검식은 어떻게 하나요

편 익었는지 눈으로 확인할 수 없는 음식이 있는데, 잘 조리되었다는 것은 어떻게 알 수 있나요?

이 음식마다 점검하는 기준이 있어요. 급식은 그 기준을 충족한 후 제공되는데요. 편육은 속까지 완전히 익었는지 중심 온도계를 이용해 확인해요. 고기의 중간을 찔러 중심 온도가 75도 이상일 때만 급식으로 나갈 수 있어요. 혹시라도 덜 익은 고기가 있으면 그것을 먹고 배가 아픈 학생이 생길 수 있기 때문에 세 군데 이상 찔러보고 온도를 확인해요. 어패류의 경우에는 중심 온도 85도 이상인지 확인 후 배식하고요.

편 간은 어떻게 맞추나요?

이 급식의 대상이 누구냐, 어떤 시설이냐에 따라 간을 맞추는 기준이 조금 다를 수 있어요. 일반적으로 학교는 국에 들어간 염도를 0.6%에서 0.7%로 맞추고 있어요. 싱겁다고 느낄 수도 있는데, 국은 싱겁게 느끼더라도 다 먹으면 나트륨 섭취량이 꽤 많아요. 나트륨을 과도하게 섭취하면 체외로 배출되는 과정에서 칼슘도 함께 손실이 되는데요. 칼슘은 뼈 성장과 발달에 중요한 영양소이므로, 균형 잡힌 나트륨 섭취가 필요합니다. 따라서 학교에서는 어린이들의 키 성장을 방해할 수 있어 나트륨을 너무 많이 섭취하지 않도록 염도에 신경을 쓰고 있어요.

편 급식이 나가기 전에 또 어떤 것을 점검하나요?

이 영양교사는 급식이 나가기 전에 음식의 간은 적당한지, 색은 여러 가지로 조화로운지, 이물질은 없는지 등을 살펴보고 먹어봐요. 이것을 검식이라고 하고요, 검식이 끝나면 오늘의 급식 사진을 찍어 학교 홈페이지에 올린답니다.

학교 홈페이지에 올라간 오늘의 급식

보존식은 왜 남기나요

편 간혹 학교급식을 먹고 식중독을 일으킨 학생들이 있어 조사한다는 뉴스 보도가 있어요. 며칠 전에 먹었던 급식을 어떻게 조사하는 건가요?

이 그런 일이 없어야겠지만 가끔 발생하기도 하는데요. 조사하는 방식은 여러 가지가 있는데, 그중 하나가 보존식을 가져가 검사하는 거예요. 조리가 끝나면 바로 그날 급식으로 제공되는 음식을 소독된 통에 담아 보존식 냉동고에 보관해요. 보존식은 영하 18도 이하를 유지하는 보존식 냉동고에 6일 (144시간) 동안 보관하고 그 시간이 지난 보존식은 차례로 폐기해요. 혹시라도 식중독 사고가 발생했을 때 어떤 원인에 의해 발생한 것인지 조사하기 위해 이렇게 급식할 때마다 따로 용기에 담아 보관합니다.

급식 관련한 업무는
모두 기록으로 남기나요

편 영양사가 하는 일을 들어보면 관리가 중요하고, 관리 업무의 일부는 기록인 것 같아요.

이 맞아요. 영양사가 하는 일 중에 기록하는 일이 꽤 큰 비중을 차지해요. 출근하면 식재료 검수를 하고 검수일지를 작성해요. 수량과 원산지 확인, 포장 상태, 식품 온도와 소비기한 등을 점검해 기록하는 거예요. 급식의 위생과 안전 상태를 점검하는 학교급식 위생 안전 점검표도 작성하고요. 급식이 끝나면 급식일지를 작성해요. 매일 쓰는 일지가 벌써 세 개지요? 또 조리(실무)사님들이 조리 중에 식품 안전을 관리하기 위해 CCP Critical Control Point 기록지에 기록하는데 이 CCP 기록지 점검도 하고 있어요. 편육이 나갔다면 편육의 중심 온도, 생채소가 나갔다면 소독제 농도 등 조리하는 과정을 거의 기록으로 남기는 거예요. 이 밖에도 한 끼의 급식이 나가기까지 작성해야 할 서류가 정말 많은데요. 학교는 안전한 먹거리를 제공하기 때문에 산업체보다 더 까다로운 원칙을 적용하고, 그것을 검증하는 과정을 기록으로 남기는 거예요.

편 작업지시서도 작성하시던데, 어떤 내용이 들어있나요?

이 작업지시서는 식단을 작성할 때 함께 작성해 조리(실무)사들에게 전달해요. 저는 작업지시서에 요리 방법을 자세히 적는 편이에요. 조리(실무)사들은 국 당번, 밥 당번, 반찬 당번 등으로 업무를 나누고, 당번도 돌아가면서 해요. 당번이 바뀌었을 때 익숙하지 않은 일이라면 실수할 수 있잖아요. 조리 방법이 자세하면 처음 하는 일이라도 어렵지 않게 할 수 있고, 실수를 줄일 수 있어요. 그리고 예전에 이 음식을 조리할 때 누군가 했던 실수도 자세히 써 놓아요. 그런 부분은 다른 사람이 했을 때도 같은 실수를 반복하는 경우가 많아요. 그래서 '지난번에는 어느 지점에서 어떤 실수를 하셨는데, 주의하세요'라고 쓰면 조리할 때 더 주의하시더라고요. 또 어떤 음식에 알레르기가 있는 아동이 있다면 1인분을 따로 빼놓아 달라는 사항도 쓰지요.

저는 레시피를 정확하고 자세하게 쓰려고 하는데요. 어느 누가 조리해도 균일한 음식이 나올 수 있도록 음식의 완성도를 높이기 위한 저만의 노력인 거죠. 조리하는 분들도 사전에 작업지시서를 보고 오시고, 또 당일 작업 회의에서 그날 주의할 점 등을 한번 더 강조해요.

● 조리방법

급식일 : 2025년 03월 05일

식사구분 (급식인원)	중식(880 명)	
구 분	수제치킨케사디아	
사용재료 (총량[kg/l])	칠리소스(1) 치즈(모짜렐라치즈)(18) 또띠아(우리밀, 6인치)(20) 닭고기(가슴살, 안심살)/깍둑썰기(22) 피망(홍피망)(3) 피망(청피망)(5) 양송이버섯(5)	양파/껍질제거(깐것)(5) 당근/국산(2) 토마토(7) 꿀(2) 스위트콘(3) 토마토페이스트(6) 토마토케첩(7) 우스터소스(1)
요 리 방 법	닭 안심살 1*1은 부서지니 가슴살로 시킬 것 속재료들이 가장자리까지 균형 있게 배분 되도록 신경 써 주세요. 시간이 부족할 때는 모짜렐라 치즈 위에 뿌리지 않고 속재료에 섞어서 또띠아 속에 넣고 굽는다. 1. 또띠아는 오븐에 70도 스팀으로 놓고 10분을 돌려 말랑말랑하게 준비한다. 　닭고기, 채소 간 하지 말 것, 소스만으로 간 충분함 2. 닭고기(깍둑썰기)는 볶아서 물기를 빼고 우스터소스, 토마토페이스트, 케첩, 칠리소스, 꿀, 토마토(토마토는 0.5*0.5로 다져서)를 넣고 끓인다. 3. 양파는 1cm로 깍둑 썰기하여 볶아 물기를 뺀다. 　당근은 채썬 후 다진다. 피망은 살짝만 데친다. 4. 2에 3을 넣고 볶아 소를 완성한다.(물기가 많으면 완성된 모양이 좋지 않으므로 물기가 없도록 주의!!) 여기에 모짜렐라 치즈를 살짝 섞는다. 5. 또띠아를 누런 부분이 위로 가게 펴서 (또띠아의 하얀부분은 건조하고, 누런 부분이 촉촉하다.) 소를 넣고 (많이 넣으면 접을 때 힘듬), 반으로 접어서 가장자리를 꼭꼭 누른 후 코팅팬 위에 겹치지 않게 놓는다. 6. 오븐에서 굽는다. 건열 170도,7-10분 노릇노릇하게 색깔 나도록 관찰 하면서 굽는다 너무 안 구우면 밀가루 맛이 나니 주의하세요. 7. 먹기 직전 다시 한번 구워 코팅팬째로 나간다.

레시피에 조리 과정은 자세히, 주의할 점도 꼭 적어요.

이은영 영양교사의 하루

급식실의 하루는 무척 일찍 시작해요. 조리(실무)사님들이 출근해서 오늘 하루 급식실에서 사용할 소독액을 만들고, 밤사이 조리기구들은 이상 없는지 점검해요. 급식실에 들어오자마자 제가 하는 일은 위생 점검이에요. 조리(실무)사님들이 전염되는 병이나 염증이 없는지 건강상태를 점검했어요. 다행히 아픈 분이 없네요. 급식실은 항상 위생적이어야 해서 아무나 드나들 수 없고, 그 안에 있을 때는 위생 복장을 착용해야 해요. 그래서 조리(실무)사님들은 위생 복장과 장화를 착용하고 저는 위생 가운을 입었어요.

이제 식재료를 배송하는 기사님들을 기다려요. 이분들도 위생복을 입고 위생 모자를 쓰고 급식실에 들어와요. 맨 처음 도착한 식재료는 채소와 과일이에요. 냉장차의 타코메타 온도 기록지를 확인하고 표면 온도를 측정해 기록해요. 다음으로 고기와 수산물, 김치까지 검수하고 마쳤어요.

출처 : 내일교육

검수를 마친 식재료들로 어떻게 맛있고 위생적으로 조리할지 작업지시서를 보면서 조리(실무)사님들과 회의해요. 작업지시서에는 오늘 메뉴를 조리하는 방법과 조리할 때 주의해야 할 점, 위생적인 조리를 위해서 꼭 지킬 것 등이 담겨 있어요. 오늘 식단은 보리밥, 된장찌개, 편육 장조림, 상추, 견과류 쌈장, 배추김치, 딸기예요. 오늘은 특히 날로 먹는 상추와 딸기를 소독하고, 편육 장조림이 속까지 잘 익도록 조리하는데 주의해야 해요. 이제 조리를 시작할 준비를 마쳤어요. 조리(실무)사님들이 각자 맡은 자리로 가서 일을 시작해요.

오늘 먹을 쌀과 보리의 양은 74kg으로 밥 담당자가 쌀과 보리를 씻어 불려놓고, 국을 끓이는 담당자는 국 멸치와 다시마를 넣고 구수한 국물을 만들어요. 된장찌개에 들어갈 채소는 절단기에 넣어 자르는데요. 여러 기능이 있어서 네모반듯한 모양, 기다랗고 가는 채 모양으로 썰어 나오지요. 통마늘도 다지고요.

취반기에서 보리밥이 되고 있고, 한쪽에서는 커다란 솥에 물과 돼지고기, 냄새를 잡는 각종 재료를 넣고 끓이며 1미터가 넘는 길이의 주걱을 이용해 타지 않도록 저어주고 있네요. 된장찌개도 마찬가지로 커다란 국솥에서 끓고 있어요. 다른 한쪽에서는 상추를 씻고 소독하고, 그 옆에는 작업지시서에 있는 대로 고추장, 된장, 마늘, 참기름, 설탕, 깨, 파, 사과 같은 것, 호두, 해바라기씨, 땅콩의 양을 맞춰 넣은 후 섞어 견과류 쌈장을 만들고 있어요. 음식이 조리되는 동안 저는 조리실에서 중간중간 음식의 간도 보고, 위생적으로 조리되고 있는지 확인해요. 그리고 학생식당인 식생활관에 식재료에 대한 교육자료를 게시판에 붙이고, 조리실에 붙어있는 사무실에서 업무를 보기도 해요.

맛있는 냄새가 솔솔 조리실에 퍼지고 있어요. 편육이 속까지 잘 익었는지 확인하기 위해 끝이 뾰족한 중심 온도계를 찔러 고기 속 온도를 재봤어요. 75도 이상이어야 하는데 90도가 나왔네요. 혹시 덜 익은 곳은 없는지 세 곳을 더 찔러 보았더니 역시 90도 이상이에요. 이제 안심이에요. 보기 좋은 떡이 먹기도 좋다는 말처럼 학생들이 먹기 좋게 가지런히 잘라 예쁘게 바트에 담아요. "띠리리리리리" 마침 밥이 다 되었다는 알람도 울리네요. 급식 시간이 얼마 남지 않았어요. 나머지 음식도 조리가 끝나는 대로 바트에 담아 급식이 나갈 준비를 해요.

이제 마지막으로 저는 다 된 음식을 검식해요. 직접 맛을 보며 간은 적당한지, 색깔은 좋은지, 음식에 이물질은 없는지 등을 살펴요. 검식을 마치면 오늘의 급식 사진을 찍어 학교 홈페이지에 올려요. 학부모님들이 오늘 어떤 급식을 먹는지 알 수 있게 알려드리는 거예요. 제가 사진을 찍는 사이 조리(실무)사님들이 보존식을 담고 있네요.

완성된 음식들을 배식대에 차려놓고 학생들을 기다려요. 배식을 담당하는 실무사님들도 위생 모자와 마스크를 쓰고, 앞치마를 두르고, 위생 장갑을 끼고 각자 주걱, 국자, 긴수저를 들고 학생들에게 급식을 나눠줄 준비를 갖추었어요. 마침, 점심시간을 알리는 종이 울리네요. 오늘은 어떤 맛있는 급식이 기다리고 있을까 기대하며 식생활관 앞에서 손을 씻는 아이들이 보여요.

이제 급식 시작!

매주 수요일 잔반없는 날을 실시합니다. 학년 당 한 반씩 가장 잘한 반을 선정해서 시상식을 하고, 수상과 함께 간식을 제공하고 있습니다.

출처 : 서울시교육청

와글와글했던 점심시간이 지나고 다시 조용해졌어요. 저는 먼저 잔반통을 살펴서 학생들이 어떤 음식을 잘 먹었는지, 또 어떤 음식을 버렸는지 알아봐요. 잔반을 보고 다음 식단에 반영하려고요. 오늘은 아이들이 좋아하는 메뉴가 나와서인지 잔반이 별로 없어서 기분이 좋아요.

조리(실무)사님들이 식판에 남은 찌꺼기를 닦아 식기 세척기에 넣어요. 식판이 깨끗하게 씻기고 말려서 나오면 잔류 세제 측정지로 세제가 남았는지 점검해요. 측정지의 색이 변하면 세제가 남아 있는 건데요, 색이 변하지 않으면 합격이에요. 다음으로 식판의 표면 온도를 재는 썸머라벨을 붙여요. 식판이 뜨겁게 잘 소독되면 하얀색인 라벨이 검은색으로 변해요. 만약 색이 그대로라면 소독되지 않았다는 뜻으로 식기세척기 온도를 조절해 소독되도록 조정해요. 이렇게 말끔하게 씻기고 소독되어 나온 식판을 소독고에 넣어요. 소독고에는 식판뿐 아니라 반찬통, 수저 등 급식실에서 사용하는 식기들이 모두 들어가요.

오늘은 3학년 1반에 영양교육을 하러 가는 날이에요. 부지런히 준비해서 3학년 1반으로 걸음을 옮겨요. 우리 몸은 탄수화물, 단백질, 지방, 비타민, 무기질, 물을 필요로 하는데, 이를 6대 영양소라고 해요. 이 영양소가 어떤 작용을 하는지 소개하고 어떤 음식을 먹어야 건강하게 자랄 수 있는지 알려줘요. 실제로 제가 만든 PPT를 활용해 재미있게 알려주면 아이들이 눈을 동그랗게 뜨고 호기심을 보이죠. 반짝반짝 빛나는 아이들의 눈을 보는 이 순간이 참 좋아요.

수업을 마치고 영양관리실로 돌아오는 길에는 식생활관 앞에 있는 급식 소리함을 열어 아이들이 넣어놓은 쪽지를 읽어봐요. 엄마 음식보다 맛있다, 매일 급식 맛있게 해주셔서 감사하다, 사랑한다는 등 아이들의 솔직한 반응도 있고, 마라탕, 탕후루 해주세요, 왜 회는 안 나와요, 치킨 해주세요 등 아이들이 먹고 싶은 것들을 적은 쪽지도 있어요. 쪽지를 보면 저도 모르게 웃음이 나온답니다.

활기차고 재미있는 영양수업!

균형 잡힌 식단으로 건강을 디자인하는
영양사

이제 급식실 청소를 하고 조리기구와 고무장갑 등도 깨끗이 씻어서 다음날 사용할 수 있도록 소독하고 조리 (실무)사님들은 퇴근해요. 저도 퇴근하냐고요? 아니에요. 영양교사는 다른 할 일이 아직 많이 남아있어요. 이 시간에는 보통 그날 해야 할 행정 업무를 해요. 먼저 급식 일지를 작성하는데요. 급식일지에는 오늘의 식단과 식재료, 그리고 식재료에 포함된 영양소와 열량, 검식 평가 등이 기록되어 있어요. 또 위생일지와 청소일지, CCP 기록지도 빠진 것이 없는지 점검해요. 일지는 말 그대로 매일 써야 하는 거예요. 일지를 다 쓰면 그때그때 필요한 일을 하는데요. 교육청에 보고할 공문도 작성하고, 다음 달 식단도 짜고, 식재료도 주문하지요. 영양교사는 학생들에게 건강한 식단을 제공하기 위해 쓰고 정리해야 할 서류가 엄청 많아요. (웃음)

　오늘 일은 여기까지예요. 내일 사용할 검수일지와 표면 온도계를 검수대에 올려놓고 마지막으로 급식실을 한번 둘러본 후 퇴근해요. 영양교사의 퇴근 시간은 학교에 따라 조금씩 다른데요. 유연근무제를 신청한 영양교사는 하루를 일찍 시작한 만큼 다른 교사들보다 조금 일찍 퇴근한답니다.

영양사가 일하는 곳은 어디인가요

편 영양사 면허를 취득하면 일자리를 찾아야 하는데요. 어디서 일할 수 있나요?

이 영양사가 가장 많이 일하고 있는 곳을 보면 산업체와 학교, 그리고 병원이에요. 2022년 영양사 취업 현황을 보면 산업체에 10,569명, 학교에 10,932명, 병원에 9,913명이 일하고 있는 것으로 나왔어요. 산업체는 영양사 면허만 있으면 취업할 수 있고, 학교는 영양교사의 자격을 갖춰야 하고, 병원은 임상영양사도 있지만 일반영양사도 많아요.

근무처에 따라 요구하는 자격 요건이 달라요. 산업체는 보통 영양사 면허 외에 조리사 자격증을 요구하는 곳이 많아서 필요한 자격증을 확보하고 있어야 해요. 영양교사가 되려면 대학을 진학할 때부터 교직 이수 과정이 있는 대학을 알아보고 준비하는 것이 좋겠지요. 병원에서 근무하는 영양사는 업무 분야가 세분화 되어 있어요. 영양사는 일반 급식만 제공하고, 임상영양사는 환자식을 제공하면서 영양 중재를 하거나, 병원에 따라 영양 중재와 상담, 교육만 실행하기도 해요. 이 외에도 영양사는 다양한 곳에서, 다양한 활동을 할 수 있으므로 취업 목표를 정하고 차근차근 준비하는 게 좋겠어요.

영양사로 일하는 사람은 얼마나 되나요

🔵편 영양사로 일하는 사람이 얼마나 되나요?

🔵이 2022년 12월 기준으로 42,000여 명의 영양사가 사회 각계에서 활동하고 있다고 해요. 식품위생법에 따라 1일 1회 급식 인원 50인 이상, 산업체는 100인 이상의 집단급식소는 영양사를 반드시 고용해야 해요. 집단급식소는 영리를 목적으로 하지 않으면서 특정 다수의 사람에게 계속하여 음식물을 공급하는 급식소를 말하는데요. 학교, 유치원, 어린이집, 기숙사, 사회복지사업을 할 목적으로 설치된 사회복지시설, 국가·지방자치단체 및 공공기관, 그 밖의 후생 기관 등이에요. 영양사의 87% 이상이 집단급식소에서 근무하고 있어요. 나머지 영양사는 그 외 교육, 연구, 급식산업, 공무원, 보건소 등 비집단급식소에서 활동하는데요. 주로 상담과 교육, 홍보, 연구활동 등을 합니다.

영양사가 되려면

요리를 잘해야 하나요

편 이 일을 하려면 음식에 관심이 있어야 할 것 같아요.

이 피급식자들의 건강과 영양상태를 개선하고, 이들이 올바른 식습관을 가질 수 있도록 돕는 역할을 하는 사람이 영양사잖아요. 그러니 당연히 음식에 대한 깊은 관심과 지식이 필요하지요. 근무하는 곳에 따라 급식 대상자의 나이가 달라요. 유치원일 수도 있고, 60대 이상의 어르신들로 구성된 노인 복지관에서 근무할 수도 있는데요. 이렇게 연령대가 다르면 선호하는 음식도 달라요. 따라서 피급식자의 건강과 함께 기호도까지 아우를 수 있는 급식을 제공하기 위해서는 최대한 다양한 음식을 접해보는 게 좋겠어요. 먹는 것을 즐긴다면 다양한 식재료와 조리법을 활용해 적절한 식단을 계획할 수 있고 더효과적으로 업무를 수행할 수 있거든요.

편 음식을 잘 만들기도 해야 할까요?

이 영양사는 직접 음식을 조리하는 직업은 아니에요. 그래서본인의 조리 실력이 영양사의 업무에 영향을 크게 미치지 않아요. 하지만 식단 계획을 수립하고 식단이 제대로 조리되어나오게 하려면 조리 과정을 잘 알고 있어야 해요. 또 같은 식재료라 하더라도 조리 방식에 따라 맛과 영양이 달라질 수 있고, 피급식자에 따라 조리 방식을 달리해야 할 때도 있어요. 그러니까 음식에 관한 관심과 지식이 이 일을 수행할 때 큰 도움이 되지요.

📧 어떤 과목을 잘하면 도움이 될까요?

이 식품영양학과에서는 재료학, 영양학, 생리학, 생화학 등을 공부하는데요. 이렇게 식품영양학과에서 배우는 학문은 과학적 원리를 바탕으로 하므로 고등학교 시절 생물학, 화학 등의 기초 과학 과목에 대한 이해를 높이고 좋은 성적을 유지하는 것이 도움이 돼요. 그리고 무엇보다 스스로 건강한 식습관과 운동 습관을 기르는 것이 중요해요. 영양사는 교육과 상담도 업무 중 하나인데 다른 사람들에게 조언할 때 본인의 경험이 큰 도움이 됩니다.

📧 체험활동으로 추천하고 싶은 것이 있다면요?

이 병원, 학교 급식소 등에서 봉사활동을 해보는 건 어떨까요? 급식을 만드는 과정도 알아보고 급식을 먹는 사람들의 반응도 살피면서 영양사의 일을 간접 체험하는 거예요. 또 지역 사회에서는 청소년을 대상으로 하는 건강 관련 프로그램이나

(사)대한영양사협회 유튜브 채널 「유퀴즈 인 더 급식월드」에 임상영양사를 소개하는 영상이 올려져 있어요.

출처 : (사)대한영양사협회

영양사 직업 체험 프로그램을 진행할 때가 있어요. 그런 프로그램에 적극적으로 참여해 보는 것도 좋겠지요. 현장 체험 프로그램이 아니더라도 유튜브나 인스타그램 등 여러 채널을 검색해 이 직업의 세계를 간접체험하는 것도 한 방법이에요.

어떤 소양이 필요할까요

편 영양사가 되려면 어떤 소양이 필요할까요?

이 영양사는 신규로 취업할 때부터 중간관리자의 역할을 해야 합니다. 책임자의 자리인 거지요. 대부분의 급식소가 영양사는 한 사람이고 조리(실무)사는 여러 명이에요. 초임이라면 자신보다 나이가 많은 조리(실무)사가 대부분일 거예요. 영양사는 조리(실무)사들에게 업무 지시를 내리고 때로는 주의 사항을 알리고, 시정해야 할 부분을 지적할 수 있어야 일에 차질이 발생하지 않아요. 조리(실무)사들을 관리 · 감독하는 것도 영양사의 직무니까 당연히 해야 하는데, 나이가 어리다고, 또는 경력이 짧다고 영양사의 지도를 무시하거나 거부하는 분들도 간혹 있어요. 그러면 영양사와 조리(실무)사 간에 갈등이 생기는 거죠. 이때 필요한 것이 무엇일까요? 바로 리더십이에요.

영양사로서 중간관리자의 역할은 단순히 명령을 내리는 것이 아니라, 조리(실무)사들과의 효과적인 소통과 협력을 통해 급식 운영의 목표를 달성하는 데 중점을 두어야 해요. 중간관리자로서 급식의 품질과 위생, 안전성을 유지하고 식중독 사고와 같은 중대한 문제가 발생하지 않도록 직원들이 규정과 절차를 철저히 준수할 수 있도록 하고, 직원들의 업무를 조율해 상황에 따라 신속하게 결정을 내리는 결단력 있는 리더십이 필요한 거죠. 또한, 직원들 사이에 갈등이 발생했을 때 중재자의 역할도 하게 되는데, 이때도 단호하고 공정한 태도로 양측의 의견을 듣고 잘 조정해야 하지요.

편 선생님은 조리(실무)사들을 어떻게 대하세요?

이 조리(실무)사들의 능력이 최대한 발휘되면 급식의 질이 높아지는 것은 너무나 당연한 일입니다. 그래서 저는 그분들이 최선을 다할 수 있도록 지원하는 것이 중요하다고 생각해요. 일방적으로 지시하기보다 존중하는 태도로 업무를 협의하며, 그분들의 의견을 경청하고, 좋은 의견이 있으면 적극적으로 반영합니다. 또한, 잘한 일은 공개적으로 칭찬하고, 실수가 있을 때는 둘만 있을 때 조용히 피드백을 전하지요. 그리고 저는 그분들을 신뢰하고 있다는 표현을 적극적으로 하고, 급식에 대한 긍정적인 피드백이 있으면 꼭 전달해 노고에 대한 감사를 전하고 있어요. 또 조리(실무)사들이 하는 일이 학생들의 건강과 행복에 기여하는 중요한 일이라는 자긍심을 심어드리려고 노력해요. 이런 과정을 통해 서로 신뢰 관계가 형성되면 그분들도 기대에 부응하려고 더욱 열정을 가지고 최선을 다하게 되는 것 같아요.

학교 이동을 앞둔 2023년 2월, 5년 동안 1,000명이 넘는 큰 학교에서 함께 급식을 담당한 조리(실무)사님들이 마련한 깜짝 송별 파티.

사람들과 소통하는 능력도 필요한가요

편 영양사는 중간관리자라는 말씀을 들으니, 사람들과 소통하는 능력이 중요할 것 같다는 생각이 들어요.

이 맞아요. 대인관계 능력과 소통 능력이 매우 중요한 직업이에요. 영양사가 만나는 사람들은 여러 부류인데요. 그중에 신중하게 대해야 할 사람들이 있어요. 한쪽은 급식을 만드는 사람들이고 다른 한쪽은 급식 이용자예요. 영양사는 조리(실무)사들과 협력해 급식을 운영하는데, 원만한 관계를 유지했을 때 팀워크가 좋아요. 팀워크가 좋다는 것은 서로 원활하게 소통하며 신뢰한다는 거예요. 팀의 리더로서 영양사의 소통 능력이 발휘되어야 하지요.

영양사는 피급식자인 학생이나 환자, 또는 고객의 소리를 들어야 해요. 그들의 요구와 불만에 귀를 기울이고, 불평이 있을 때는 효과적으로 처리하는 능력이 필요해요. 민원이 발생했을 때는 신속하게 문제의 원인을 파악해 대처해야 해요. 그렇지 않았다가는 작은 문제도 크게 번질 수 있어요. 반대로 작은 문제라도 그냥 넘어가지 않고 잘 대처하면 신뢰가 형성되어 좋은 관계를 유지할 수 있어요.

2학년 (5)반 이름(■■)

※ 자랑하고 싶은 우리 학교의 모습을 떠올려 글과 그림으로 표현해 봅시다.

우리 학교는 맛있고, 우리들의 건강한 음식을 주십니다. 우리 학교 급식 선생님. 우리 학교는 건강한 선생님, 학생, 항상 사랑과 행복과 웃음이 가득한♥ 우리 자랑스러운 답십리 초등학교 ♥

6 년 간 의 추 억

졸업식

졸 업

급식시간

헤어짐

hot   hot   hot

화~ 아~

우리 학교는 학생들 위한 정이 다 깃회있어

6-5 ■■■

2학년 (6)반 이름(■■■)

※ 자랑하고 싶은 우리 학교의 모습을 떠올려 글과 그림으로 표현해 봅시다.

우리 학교 자랑 거리를 3가지로 표현하겠습니다. 첫번째 영양 선생님께서 수제, 건강음식을 챙겨주십니다. 두번째 친구들과 친하게 배려있게 생활합니다 세번째 세번째 놀이터, 화장실도 진화하는 멋진 답십리초등학교!

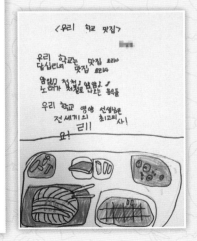

〈우리 학교 맛집〉

우리 학교는 맛집이야
답십리의 맛집이야

음률이 척척 얌얌♩
노래가 척척 얌얌♩ 맛있는 음식들

우리 학교 영양 선생님은
전 세계의 최고요리사!
요리!

균형 잡힌 식단으로 건강을 디자인하는
영양사

93

편 성향에 따라 스트레스를 많이 받기도 하겠어요.

이 매번 평가받는 직업이다 보니 다른 사람의 평가에 일희일비하고 예민한 성향의 사람은 스트레스를 많이 받을 수 있어요. 그래서 어떤 성향의 사람이 이 일에 더 적합하다고 딱 잘라 말할 수는 없지만, 사람들과 소통하는 것에서 즐거움을 느끼는 자세로 일한다면 그 속에서 즐거움을 느낄 수 있을 것이라고 생각해요.

대학에서 전공을 해야 하나요

[편] 영양사가 되려면 대학에 진학해야겠지요?

[이] 네, 대학 진학은 꼭 해야 해요. 영양사가 되기 위해서는 영양사 국가시험에 합격한 후 보건복지부 장관의 면허를 받아야 해요. 응시 자격 기준은 「고등교육법」에 따른 대학, 산업대학, 전문대학 또는 방송통신대학에서 식품학 또는 영양학을 전공한 자로서 영양 관련 교과목 18과목 52학점 전공과목을 이수하고, 80시간(2주 이상) 현장실습 교과목을 이수해야 국가시험에 응시할 수 있어요. 따라서 영양사가 되고 싶다면 영양사 국가시험에 응시할 수 있는 영양학과, 식품영양학과, 영양식품학과가 있거나 학부 전공명이 식품학, 영양학, 식품영양학, 영양식품학이라고 되어 있는 대학교에 입학해야 해요. 영양사를 양성할 수 있는 대학은 128개로 2년제 대학 18개, 3년제 대학 19개, 4년제 대학 91개가 있어요.

영양사 면허는 어떻게 취득하나요

편 영양사 면허를 취득하는 방법을 알려주세요.

이 영양사 국가면허시험의 응시 자격을 갖추었다면 시험에 응시해요. 시험은 1교시, 2교시로 나누어 보는데요. 1교시에는 영양학과 생화학(60문제), 영양교육과 식사요법 및 생리학(60문제) 시험을 봐요. 2교시에는 식품학 및 조리 원리(40문제)와 급식, 위생 및 관계 법규(60문제) 시험을 봅니다. 총 220문항으로 전 과목 총점 60% 이상, 매 과목 만점의 40% 이상 득점하면 면허증을 취득할 수 있어요. 앞에서도 말했듯이 영양사 면허를 취득하면 임상영상사나 영양교사가 될 수 있는데요. 임상영양사는 영양사 면허증을 가지고 임상영양대학원 등에서 임상영양사 교육과정을 수료하고 1년 이상의 영양사 실무를 쌓은 후 임상영양사 자격시험에 합격해야 합니다. 영양교사가 되고 싶다면 영양사 면허증과 영양교사 2급 자격증, 한국사능력검정시험 3급 이상을 취득한 후 교사임용시험에 응시해 합격하면 됩니다.

영양교사는 어떻게 될 수 있나요

편 영양교사가 되려면 어떻게 해야 할까요?

이 영양교사는 영양학적 지식과 교육적 소양을 갖추고 있어야 해요. 그래서 영양사 면허뿐 아니라 교원 자격증도 가지고 있어야 하는데요. 두 가지 자격을 갖추는 방법은 여러 가지예요. 한꺼번에 갖추려면 4년제 대학의 영양학과, 식품영양학과 등 관련학과에 진학한 후 교직과정을 이수하면 돼요. 하지만 모든 대학에 교직 이수 과정이 있는 건 아니기 때문에 영양교사가 목표라면 먼저 교직 이수를 할 수 있는 대학을 알아보고 진학하는 게 좋겠어요.

다른 방법은 두 가지 자격을 따로 취득하는 거예요. 대학에서 식품학이나 영양학을 전공한 후 영양사 면허를 취득하고, 영양교육대학원에 진학해 영양교사 2급 자격증을 취득하는 거예요. 만약 2년제나 3년제 대학을 졸업했다면 학사학위를 취득한 후 영양교육대학원에 진학하는 방법도 있지요. 이렇게 영양사 면허와 영양교사 2급 자격을 갖추고 영양교사 임용시험에 통과하면 영양교사로 근무할 수 있어요.

영양사가
되면

근무시간과 휴일은 어떻게 되나요

편 근무시간과 휴일은 어떻게 되나요?

이 근무하는 곳에 따라 달라요. 제가 근무하는 초등학교는 일반교사와 출퇴근 시간이 같아요. 학교마다 정해진 출근 시간이 조금 다르기는 하지만 출근한 시간부터 8시간 근무가 원칙이에요. 보통 8시 30분에 출근하면 4시 30분에 퇴근하지요. (학교는 점심시간도 근무시간에 포함됩니다) 영양교사 중 유연근무제를 신청한 영양교사의 경우는 8시에 출근하는 날이라면 4시에 퇴근해요. 1식을 하는 중·고등학교의 경우는 초등학교와 근무시간을 비슷하게 운영하고, 2식이나 3식을 하는 고등학교의 경우에는 근무시간이 좀 다를 수 있어요. 영양교사 2명이 근무한다면 조식 담당은 오전 6시부터 오후 2시, 석식 담당은 10시부터 18시 사이에 근무하거나, 오전 조가 7시 30분에서 오후 3시 30분까지, 오후 조가 오전 10시 30분에서 6시 30분까지 근무하기도 합니다. 이렇게 학교를 비롯한 집단급식소에서 일하는 영양사는 담당하는 급식이 조식, 중식, 석식이냐에 따라 근무시간을 달리하고 있어요. 그렇지만 하루 8시간 근무하고 법정 휴일이 보장된답니다. 비집단급식소에서 근무하는 영양사는 그곳의 근무시간을 따르고요.

연봉은 얼마나 되나요

편 연봉은 얼마나 되나요?

이 근무하는 곳에 따라 연봉이 달라서 일반적으로 얼마라고 말하기 어려운데요. 영양교사는 교사 연봉 체계와 같아요. 경력이 쌓일수록 연봉이 인상되지요. 일반 영양사는 초임 연봉이 2,600만 원에서 3,200만 원 정도로 경력이 쌓이면 5천만 원 이상 되는 곳도 있어요. 의료기관에서 일하는 영양사는 3천만 원에서 5천만 원 수준이에요. 경력 초기에는 연봉 상승의 폭이 크지 않지만, 전문성을 키우거나 관리자로 승진하면 더 높은 연봉을 받는다고 알고 있어요. 대기업이나 공공기관에서 근무할 때 규모가 작은 기관보다는 상대적으로 높은 임금 상승을 기대할 수 있을 것 같아요.

이 일을 잘하기 위해
노력하는 것은 무엇인가요

편 이 일을 좀 더 잘하기 위해 선생님이 노력하는 것이 있나요?

이 저는 배우는 걸 좋아해요. 그래서 교사 연수를 많이 들어요. 새로운 분야가 나오면 찾아서 배우는데, 아이들과 상담하고 수업을 잘하고 싶은 마음이 있어서 그런지 다양한 분야에 관심이 있어요. 최근에는 AI와 교육을 연계한 에듀테크 연수에 참여했고, 아이들과 상담을 잘하기 위해 푸드테라피도 공부했어요. 저의 관심사는 저의 경력과 상관이 있는 것 같아요. 처음에는 맛있는 음식을 찾아다니며 먹었어요. 맛에 관한 공부를 한 건데요. 저는 어려서부터 가공 음식을 많이 먹었고, 좋아했어요. 그래서 인공 첨가물이 많이 들어간 음식을 맛있다고 느꼈던 거예요. 그런데 자연 재료를 쓰는 음식점을 찾아다니며 먹어 보았더니 맛이라는 것을 좀 알게 되었지요. 이론도 공부하고 음식도 직접 먹어 보면서 저만의 맛의 기준을 좀 세웠어요. 그리고 사찰음식을 배우기도 하고, 주변에 아는 분들에게 부탁해서 레시피 공부를 많이 했어요. 모르는 것, 궁금한 것이 있으면 바로바로 물어보고 익혔죠. 그렇게 익힌 레시피를

배운 것은 실천하고 또 나누어요.

조리(실무)사님들과 어떻게 조리할까 연구해서 급식으로 내고 선생님들한테 꼭 물어서 반응도 적극적으로 들었어요. 그리고 레시피에 조리 과정을 구체적으로 꼼꼼하게 적고 주의할 점 등도 적어서 정교하게 만들려고 지금도 노력하고 있어요. 이건 나만의 레시피이지만 누가 보고 만들어도 균일하게 음식이 나올 수 있는 레시피를 만들려고 해요.

편 선생님 말씀대로 어린 시절에 몸에 밴 식습관은 고치기 힘든데, 영양사로서 이 직업을 충실히 하려고 습관을 바꾸신 거네요.

이 맞아요. 또 저는 초콜릿과 사탕 같은 단 것도 굉장히 좋아했었는데, 한번은 서울시교육청에서 책을 내는 사업에 저자 중 한 명으로 참여하게 되었어요. 식생활 지도서로 아이들에게 당에 관해서 알려주는 내용으로 교육 지도안을 짜는 거였죠. 그런데 아이들에게는 단것을 많이 먹으면 해롭다고 말하면서 제가 그걸 예전처럼 많이 먹을 수는 없겠더라고요. 그래서 단 것을 줄였죠. (웃음)

편 영약학과 관련한 공부도 하시나요?
이 영양학 분야는 빠르게 변화하고 발전하고 있어요. 그래서

배우고 실천한 것을 여러 영양사와 나누는 강의를 하고 있어요.

최신 연구에 늘 관심을 가지고 새로운 정보를 학습하고자 하는 적극적인 태도가 필요하지요. 식품위생과 관련한 새로운 정보, 영양상담에 도움을 주는 기술, 건강한 조리 방법에 관한 연구 등에 관심을 가져서 변화하는 흐름을 놓치지 않아야 해요. 영양과 건강에 관련된 기사를 많이 읽기도 해요. 그리고 요즘엔 새로운 급식기구가 참 많이 나오고, 자동화된 위생 관리 시스템을 도입하기 때문에 그 기능도 익힐 필요가 있어요. 이렇게 변화하는 급식환경 속에서 늘 새로운 정보를 꾸준하게 학습하고 실무에 적용해야 합니다.

학교급식도 변화가 있나요?

학교급식은 학교급식 영양관리기준을 따라요. 한 끼의 기준량을 제시한 것으로 학생 집단의 성장 및 건강상태, 활동 정도, 지역적 상황 등을 고려한 기준으로 학교마다 약간씩 차이가 있어요. 영양관리기준은 학교급식법 제정과 함께 1981년 만들어진 이후 시대의 변화와 식생활의 변화 등을 반영해 여러 차례 개정되었어요. 영양교사는 변화된 기준을 반영하되, 근무지의 상황에 맞게 적용해야 하는데요. 그러려면 역시 그와 관련한 정보를 찾아보고 연구하는 자세가 필요하지요.

영양교사로서 영양교육과 상담을 위해서 따로 공부하는 것도 있으세요?

영양교육 역시 4차 산업 사회로 접어들면서 교육에 기술을 접목한 에듀테크가 새로운 교육 패러다임으로 주목받고 있어요. 짧고 자극적인 영상에 익숙해진 아이들에게 효과적인 학습 방법으로 교육하기 위해서는 영양교육에서도 새로운 접근 방식이 필요해요. 영양교사는 본인의 역량과 근무지의 여건이 되면 학생 체험 행사로 '영양 식생활 체험 한마당'을 운영하거나, 부모 교육, 영양과 관련한 심포지엄과 같은 새로운 프로그램을 기획해 운영할 수도 있어요. 저도 학생을 대상으

시대의 변화에 맞춰 영양교육도 다양하게, 저의 활동도 다양하게.

균형 잡힌 식단으로 건강을 디자인하는
영양사

로 하는 영양교육뿐만 아니라 지역사회와 연계해 학부모를 대상으로 자녀 영양과 관련한 내용으로 강의하고 상담도 하는데요. 이런 일을 하려면 더 열심히 공부해야지요.

편 요즘은 음식, 영양소, 건강관리에 관한 정보가 넘쳐나요. 이에 따라 급식에 대한 오해나 무리한 요구도 있을 것 같아요.

이 맞아요. 요즘 학생들은 TV, 유튜브, 인스타그램 같은 다양한 매체를 통해 음식에 대한 정보를 쉽게 접하기 때문에 유행하는 음식에 관심이 높아요. 그러다 보니 급식에 대한 기대치도 자연스럽게 높아지고, "어느 학교는 급식에 이런 메뉴가 나왔다더라" 같은 이야기도 자주 들려요. 저도 그런 이야기를 들으면 어떻게 조리했는지 관심 있게 살펴보는 편이에요. (웃음) 물론 유행하는 음식 트렌드를 그대로 따라갈 필요는 없지만, 학생들의 기호도와 만족도를 고려해서 신메뉴를 개발하는 등 어느 정도 반영할 필요는 있다고 생각해요.

특히 중·고등학생들은 자아가 강해지고 입맛도 확고해져서, 건강한 식단보다는 맛을 더 중요하게 여기는 경향이 커요. 그래서 다른 학교급식과 비교하거나, 불만을 표현하는 경우도 많다고 들었어요. 한식 위주의 급식을 제공하면 아예 먹지 않는 학생들도 꽤 있고, 학부모님들도 건강하고 담백한 식단보다는 아이들이 잘 먹을 수 있는 메뉴로 바꿔 달라고 요청한다고 하더라고요.

하지만 학교급식은 식당에서 사 먹는 음식처럼 기호도에만 맞출 수 없기 때문에 영양교사들의 고민이 많아요. 건강과 균형을 유지하면서도 학생들이 거부감 없이 즐길 수 있는 급식을 제공하는 것, 그것이 가장 큰 숙제인 것 같아요.

이 직업의 어려운 점은 무엇인가요

[편] 어떤 직업이나 어려운 점이 있는데요. 영양사는 어떤 어려움이 있을까요?

[이] 학교에서는 영양교사 1명이 수백 명에서 1, 2천 명의 급식을 담당해요. 어떤 것을 선택하고 판단하고 결정하는 과정에서 의논할 상대가 없어요. 일과 관련해 전문성을 가진 사람이 저 혼자라 급식에 관한 것은 오로지 혼자 책임져야 해요. 한마디로 어려움이 있을 때 공감하고 위로해 줄 동료가 없는 거예요. 그래서 초임 시절에는 막중한 책임감에 부담감을 많이 가졌어요. 무슨 문제가 생겼을 때 다른 학교 영양교사에게 전화해 물어볼 수도 있어요. 하지만 학교마다 급식실의 기구도 다르고 조건도 달라서, 결국 혼자서 결정하고 문제를 해결하고 어려움을 헤쳐나가야 하는 거죠.

[편] 이 일은 처음부터 중간관리자로서 역할을 해야 한다고 하셨는데, 경험이 부족한 상태에서 관리자로서 책임을 지는 게 어려울 수도 있겠어요.

[이] 언젠가 같은 학교에 근무하는 선생님에게 놀라운 이야기를 들었어요. 그 선생님 동생이 영양사로 일하다 마음의 상처

를 받아서 영양사 면허증이 있는 것을 숨기고 조리실무사로 취업했는데 2천 명이 먹을 음식을 조리하는 게 마음이 더 편해서 좋다고 한다는 거예요. 조리실무사가 편하다는 이야기로 들릴 수도 있겠지만 사실은 아니에요. 육체적으로 힘쓰는 일이 많아서 조리실무사 중에 힘들어하는 사람도 많은데, 정신적인 고통이 컸던 만큼 차라리 육체적인 힘듦을 선택한 경우죠. 사실 저도 초임 때 너무 힘들어서 이 일을 그만두려고 학원에 많이 다녔어요. 다른 직업을 찾으려고 했었죠. (웃음)

편 어떤 점이 제일 힘들었나요?

이 영양사는 매일 피급식자들로부터 평가를 받는 직업이에요. 사람들이 점수를 직접 매기지는 않지만, 어떤 식으로든 평가되고 그걸 제가 알게 되죠. 성격이 예민한 편이라 그런 평가 한마디에도 상처를 많이 받았어요. 알레르기나 특정 음식에 민감한 피급식자들도 있고, 사람마다 건강상태, 식습관, 취향, 음식 선호도가 다 다르기 때문에 모든 사람을 만족시키는 급식은 사실상 불가능에 가까워요. 그런 점을 알지만 급식 관련 민원이 발생할 때는 스트레스를 받죠.

그리고 조리 과정에서 예기치 않은 상황이 생길 때도 힘들어요. 음식이 부족하거나 조리기구에 문제가 생기면 급식 시간

안에 급식을 준비하지 못할 수도 있어요. 그러면 시간 내에 문제를 해결해야 한다는 생각에 마음이 매우 조급해지죠. 또한, 식중독 위험을 항상 걱정하는 것도 큰 스트레스예요. 안전하고 건강한 급식을 제공하기 위해서는 매일 긴장감을 유지해야 합니다.

편 이 일을 하면서 생기는 습관이나 질병도 있을까요?

이 급식실은 여러 조리기구와 세척 기구가 있어요. 이 기구들이 작동할 때는 소음이 꽤 크게 발생하고, 대부분의 조리 기기와 식기들이 스테인리스 재질이라 부딪힐 때 소리가 커요. 그래서 청력이 약한 사람 중에는 소음성 난청이 발생하는 예가 있어요. 난청까지는 아니라도 조리하는 도중 조리(실무)샘들과 소통하려면 목청을 돋워 큰 소리로 말하는 게 습관이 돼서 일상에서도 큰 소리로 말하는 경향이 있어요. 그리고 어디 가서 맛있는 음식을 먹을 때 그 음식을 즐기는 게 아니라 평가하거나 어떻게 만들었을까, 재료는 뭐가 들었을까 하고 연구하고 있는 저를 발견할 때가 종종 있지요. 또 음식점에 가면 항상 주방의 청결 상태를 저도 모르게 유심히 살펴보게 되는 때가 있는데요. 후드에 기름때가 잔뜩 낀 것을 발견하거나 바닥에 고무통을 두고 거기에 음식을 담아놓은 것을 볼 때면 신경

이 쓰여요. 학교는 지상에서 60cm 이상 되는 곳에 음식을 놓도록 규정되어 있거든요.

편 학교 급식실 위생 기준이 굉장히 엄격하네요.

이 그럼요. 저는 학교 급식실이 가장 위생적인 장소라고 생각해요. 식당이나 가정에서보다 훨씬 까다로운 기준에 맞춰 위생적이고 안전한 식품을 만드는 곳이라는 자부심이 있답니다.

스트레스는 어떻게 해소하세요

편 스트레스를 해소하는 선생님만의 방법이 있으세요?

이 스트레스로 사람이 죽을 수도 있을까요? 저는 그럴 수 있다고 생각해요. 스트레스 상황에 반복적으로 노출되면 삶의 에너지가 사그라지는 거죠. 그래서 저는 스트레스가 쌓일 때 바로바로 풀기 위해 노력하는 편인데, 그중 하나가 집 근처에 있는 올림픽공원에서 산책하는 거예요. 나무들이 우거진 자연 속 풍경을 바라보며 산책하다 보면 마음이 편안해지고 스트레스가 풀리더라고요. 실제로 신체를 움직이면 엔도르핀과 같은 행복 호르몬이 나와서 스트레스를 줄여준다고 해요. 그리고 걷는 동안 생각을 정리하고 문제를 새로운 시각에서 바라볼 수 있는 마음의 여유가 생기는 게 느껴져요. 그래서 뭔가 일이 안 풀려서 우울한 기분이 들 때도 일단 강아지를 데리고 집 밖으로 나가서 걸어요.

방학 때나 시간의 여유가 있을 때는 여행을 가는 편이에요. 일상적인 업무와 책임에서 벗어나 새로운 환경에 가면 정신적인 피로가 풀리고 삶에 긍정적인 기운이 샘솟는 것 같아요. 여행을 다녀온 후에는 여행지에서 찍은 사진을 컴퓨터 바탕화면에 저장해 놓고, 또 다른 여행지를 꿈꾸며 일을 더 열심히 하는 원동력으로 삼아요.

편 선생님은 적극적으로 스트레스를 해소하며 재충전하시네요. 다른 선생님들은 어떠세요?

이 때때로 동료 영양교사와 만나 맛있는 음식을 먹으며 수다를 떨어요. 같은 직종에 종사하다 보니 서로의 처지를 잘 알고 있어요. 비슷한 고민을 하는 사람끼리 맛있는 음식을 먹으며 수다를 떨다 보면 스트레스로 지친 마음이 풀리는 느낌이에요. 영양사는 주로 혼자 근무하는 환경의 특성상 외로움을 느끼기 쉬운 직업이라 다른 영양사들과 친밀한 관계를 유지하는 것이 중요해요. 그래서 온라인 네트워크나 카페에서 의견 교환도 하고, 직접 만나 다른 영양사들과 다양한 경험을 나누면서 서로의 전문성을 높이며 친목을 강화하는 기회로 삼고 있어요.

편 영양교사들의 모임에서는 주로 어떤 이야기를 나누세요?

이 영양교사들 모임에서는 주로 급식과 관련된 다양한 이슈를 나눠요. 예를 들어, 새로운 식단 개발이나 영양관리 방안에 대해 의견을 교환해요. 최근에 도입된 법규나 지침에 대해서도 정보를 공유하고, 급식에서 발생하는 문제나 해결해야 할

삶의 긍정적인 에너지를 불어 넣는 여행!

어려운 점들에 대해 이야기하며, 서로 해결 방법을 모색하기도 해요. 또한, 어떤 식당에 갔는데 새롭고 맛있더라는 맛집 정보나 새로운 조리법, 신선한 식재료에 대한 의견도 많이 나누어요. 때로는 그런 맛집에서 모임을 하면서 서로 음식에 대한 의견도 나누고, 어떤 스트레스가 있는지 털어놓기도 하지요.

영양사의 매력은 무엇인가요

편 이 직업의 매력은 뭐라고 생각하세요?

이 현대인은 건강한 삶, 질 높은 삶을 추구해요. 그 지향점에 영양사의 역할이 정말 중요하다고 생각해요. 건강한 식습관만으로도 질병 예방과 치료에 큰 도움이 되는데요. 어렵게만 느껴지는 건강한 식단, 건강한 식습관을 가질 수 있도록 사람들을 돕는다는 매력이 있지요. 그리고 영양사는 병원, 학교, 연구소, 기업 등 다양한 환경에서 일할 수 있어요. 또한, 스포츠 영양, 임신 및 수유 영양, 노인 영양 등 특정 분야에 대해 깊이 있는 지식을 쌓아서 그 분야의 전문가로 진출할 수도 있어요. 푸드테라피, 아동요리지도사, 연구원 등 이 일을 발판 삼아 활동할 수 있는 영역을 얼마든지 넓힐 수도 있고요.

저는 이 일 자체도 매력이라고 생각해요. 식단을 계획하는 과정은 단순히 영양소를 고려하는 데 그치지 않고 다양한 식재료와 조리법을 활용하여 새로운 메뉴를 개발하는 창의적이고 흥미로운 과정이에요. 이런 과정이 잘 실행되어 피급식자들의 좋은 반응까지 얻을 때는 성취감도 느낄 수 있지요. 또한 이벤트 데이를 만들어 평소에 급식으로 나가지 않는 특별한 음식을 제공해 급식 이용자들을 기쁘게 하는 일도 재미있어요. 무엇보다 주체적으로 급식을 운영한다는 점이 좋아요. 누구의 간섭도 받지 않고 상상하고 계획한 것을 실행하고 결과를 직접 눈으로 보고 경험하는 재미가 있답니다.

그리고 나이가 들고 경험이 쌓일수록 더 만족하는 직업이에요. 영양사는 경험이 쌓일수록 식단을 풍부하게 짤 수 있고, 여러 상황에 대한 대처 능력도 향상돼요. 특히 급식 현장에서 발생할 수 있는 돌발 상황, 예를 들어 식재료 수급 문제나 갑작스러운 메뉴 변경 등에 대해서도 경력이 쌓일수록 더 유연하고 효과적으로 대응할 수 있게 됩니다. 이런 점들이 영양사라는 직업의 매력을 더해주는 거죠. 내 일을 잘하는 것만으로도 감사 인사를 듣고 사랑을 받고, 사람들에게 행복과 건강을 선물할 수 있는 매력적인 직업이 또 있을까요? 급식 시간을 기다린다는 아이들의 말을 듣고 어떻게 행복하지 않을 수가 있겠어요. (웃음)

이 일을 하면서 느끼는
보람이나 성취감은 무엇인가요

편 이 일을 하면서 느끼는 보람이나 성취감은 어떤 것이 있을까요?

이 음식과 건강의 관계는 아무리 강조해도 지나치지 않을 만큼 중요해요. 누구나 알고 있는 사실이지만 건강한 식습관을 가지는 게 쉬운 일은 아니에요. 그래서 영양사의 도움이 필요하지 않나 생각하는데요. 그런 의미에서 영양사가 가장 보람을 느끼는 순간은 내가 준비한 음식을 먹고 건강이 증진되고 건강한 식습관을 유지하는 사람들을 볼 때일 거예요. 특히 저는 학교에서 영양교사로 일하면서 아이들의 식습관이 건강하게 바뀌고 급식을 통해 성장하는 것을 보는 것이 큰 보람입니다. 또 급식 시간에 학생들이 다양한 음식을 접할 수 있고, 음식을 통해 즐거운 경험을 가지도록 한다는 자부심도 있어요. 어떤 학부모님은 등교하는 아이에게 학교 가서 공부 열심히 하고 오라고 하지 않고, 급식 많이 먹고 오라고 했다고 해요. (웃음) 그런 이야기들을 들으면 정말 큰 기쁨을 느끼죠.

학교에는 학부모 모니터링 제도가 있어서 일주일에 한두 번 학부모님들이 급식 검수 과정을 모니터하러 오세요. 저를 만난 학부모님들이 가장 많이 하는 이야기가 아이들이 급식을 먹으며 편식을 많이 고쳤다는 거예요. 집이나 식당에서 먹어 보지 못한 다양한 음식을 학교에서 제공해 주어서 고맙다는 인사도 많이 하세요. 아이들은 먹어 본 음식에 친숙함을 느끼고, 이러한 식습관은 성인이 되어서도 큰 영향을 미치는 경우가 많아요. 그래서 새로운 음식은 잘 먹지 않으려 하지요. 드물게는 푸드네오포비아라고 해서 새로운 음식에 대해 공포감까지 느끼는 아이도 있어요. 그런데 학교에서는 다양한 음식을 제공하고, 절기 음식이나 전통 음식도 함께 제공하여 자연스럽게 새로운 음식을 접할 기회를 만들어줘요. 또, 음식을 먹는 의미와 영양정보를 알려주면 아이들이 건강한 음식 속에 담긴 우리의 전통과 문화를 존중하는 태도도 배우게 되죠. 이렇게 어려서부터 다양한 음식을 접한 아이들은 평생 건강의 기초를 다지게 되는 거예요.

편 아이들이 직접 선생님께 감사의 인사도 하겠어요.
이 지나가면서 저를 만났을 때나 영양 수업을 하러 교실에 갔을 때 인사하는 아이들이 있어요. "선생님, 급식 맛있어요", "건강한 급식 주셔서 감사합니다"하고 웃으면서 큰 소리로 말하는 아이들을 보면 제일 기분이 좋아요. 그리고 학교 선생님들도 "맛있고 건강한 급식 주셔서 감사합니다"라고 말씀해 주세요. 저는 '건강'이라는 단어가 들어갈 때 큰 보람을 느껴요. 제가 하는 일이 아이들과 선생님들의 건강을 증진하는 데 기여하는 거잖아요. 그래서 더 기쁘고 자부심을 느껴요. 또 때때로 아이들이 손 편지를 써서 주고, 선생님 중에도 손 편지를 정성스럽게 써서 주시는 분도 있어요. 그 편지들이 정말 감동이에요.

제가 일하는 학교에 급식 소리함이라는 상자가 급식실 앞에 설치되어 있어요. 전교어린이회의 요구사항으로 처음 설치될 때만 해도 급식에 불만이 있는 글이 가득하면 어쩌나 걱정이 좀 되었어요. 그런데 급식 소리함을 설치한 첫날 아이들이 고마움을 표현하는 편지를 손에 들고 줄을 서 있더라고요. 그 모습을 보고 정말 감동했어요. 아이들이 하루 필요한 영양소를 학교급식으로 채워가듯이 영양교사인 제가 필요한 에너지를 아이들의 메시지가 채워주더라고요.

한번은 1학년 교실에서 학생들에게 영양교육을 마치고 나왔을 때예요. 담임 선생님이 전화로 남자아이 한 명이 영양교사가 되는 꿈이 생겼다고 좋아하더라는 이야기를 전해주셨어요. 제 수업을 듣고 꿈을 가지게 되었다니 정말 뿌듯했죠. 또 얼마 전 강동보건소에서 학부모 대상으로 강의한 적이 있어요. 수

예쁘고 정성스럽게 감사의 마음을 전해주는
아이들과 선생님들 덕분에 힘이 납니다!

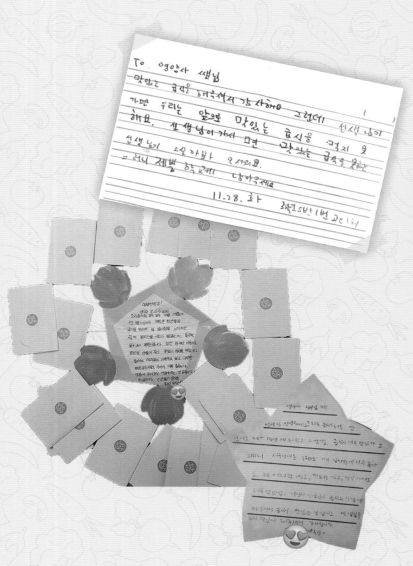

강한 학부모 중에 마침 우리 학교 6학년 학생의 학부모도 있었는데, 강의가 끝나고 저를 찾아와서 아이가 급식 때문에 중학교에 가기 싫다고 한다고 하더라고요. 중학교 다니는 큰아이도 급식이 맛있는 동생네 학교를 부러워한다고요. 그 말씀을 전해주시며 저를 만나 고마운 마음을 꼭 표현하고 싶었는데 마침 기회가 돼서 기쁘다는 말씀도 하셨어요. 듣는 내내 저도 감사한 마음이었죠. (웃음)

편 선생님이 다른 학교에 발령받았다고 하면 아이들이 섭섭해 하겠어요.

이 교사는 5년마다 다른 학교로 이동하는데, 한번은 어떤 아이가 꼬깃꼬깃 접은 편지를 가져왔더라고요. 어떻게 제가 이동하는 것을 알게 되었는지 종이를 펼쳐보니 제발 학교에 남아 달라는 내용이 적혀 있었어요. 어떤 학교에서는 학부모님들이 교장선생님께 찾아가 제가 이동하지 않도록 힘써달라고 부탁한 적도 있었어요.

영양사의 미래를 어떻게 예측하세요

편 영양사의 미래를 어떻게 예측하세요?

이 현대사회는 건강과 웰빙에 관한 관심이 매우 높아요. 건강한 식습관을 향한 관심은 앞으로도 더 증가할 것이 분명하고요. 이는 영양사에 대한 수요를 증가시키는 요인 중 하나라고 생각해요. 사람들이 건강한 식단을 찾고, 건강한 생활 습관을 실천하려는 의지가 있어서 영양사의 역할이 더욱 중요해질 것 같아요. 또 비만, 당뇨병, 심혈관 질환 등 식품의 섭취와 연관된 질병이 증가함에 따라, 질병의 예방과 관리를 위해서는 전문가를 통한 영양상담과 관리가 필요해요. 최근 들어 식습관과 정신건강 간의 관계에 관한 연구가 활발히 진행되고 있는데요. 건강한 식습관이 정신건강에도 영향을 미친다는 연구 결과가 나타나고 있어요. 따라서 영양사는 신체 건강뿐만 아니라 정신건강 증진을 위한 식단 설계와 영양관리에도 중요한 역할을 할 수 있을 것 같아요.

편 고령화 사회가 되면서 요양시설에서도 영양사의 역할이 중요하다고 들었어요.

이 맞아요. 고령화 사회가 되면서 각종 요양시설이 증가하는 게 현실이에요. 노인 환자는 일반 환자와 달리 나이와 질병에 따라 식단을 전문적으로 관리해야 하는데요. 이런 시설의 증가는 영양사의 고용에 긍정적인 요인이 되고 있습니다. 또 병원뿐만 아니라 학교, 기업, 스포츠팀, 커뮤니티 센터 등 다양한 분야에서 활동할 수 있어요. 얼마 전 신문에는 반려동물 영양사에 관한 기사도 나왔어요. 영양에 관한 관심이 반려동물에게도 확산되는 변화는 영양사의 수요를 더욱 증가시킬 것이라 예상할 수 있어요.

편 영양사의 역할이 확장되는 만큼 전문성의 강화도 필요할 것 같아요.

이 네, 맞아요. 영양사의 역할이 점점 더 다양해지면서 전문성을 갖추는 것이 더욱 중요해지고 있어요. 단순히 식단을 구성하는 것을 넘어, 식품 안전 관리, 학생들의 건강상태를 고려한 맞춤형 영양상담, 식습관 교육까지 영역이 확장되고 있죠. 또한, 건강관리 기술이 발전하면서 영양사도 데이터 분석을 활용해 식단을 체계적으로 구성하고, 개인의 건강상태와 식습관에 맞춘 영양관리 방법을 적용할 수 있게 됐어요. 여기에 지속 가능한 먹거리와 푸드테크, 환경을 고려한 급식 운영까지 관심을 가져야 하는 시대가 됐어요. 앞으로도 기술과 연구가 계속 발전할수록 영양사의 역할은 더욱 전문화되고 확대될 거예요. 결국 영양사는 단순한 급식관리자가 아니라, 건강한 식문화와 지속 가능한 급식을 이끄는 전문가로서 끊임없이 성장해야 하는 직업이라고 생각해요.

편 전 사회적으로 영양사의 수요 증가 원인과 역할의 증대를 말씀해 주셨어요. 학교에서 근무하는 영양교사의 역할도 더욱 확대될 것으로 보이는데요. 그렇다면 앞으로 영양교사 채용 기회는 어떻게 변할 것으로 예상하시나요?

이 영양교사 제도가 정착된 게 2007년이에요. 그로부터 몇 년 동안 영양교사 채용이 급증했고, 그 후부터는 결원이 생기면 소수의 인원만 채용했어요. 그래서 영양교사가 되기 힘들다는 말이 나왔는데요, 몇 년 후부터는 영양교사 채용의 기회가 넓어질 거예요. 그때 영양교사가 된 분들의 숫자가 가장 많은데 이제 그분들이 순차적으로 정년을 맞이하는 때가 왔거든요. 어떻게 보면 지금 이 책을 읽고 있는 청소년 여러분이 영양교사를 준비하기 딱 좋은 시기일 수도 있어요. (웃음)

다른 분야로 진출할 수 있나요

편 다른 분야로 진출할 수 있나요?

이 영양사는 식품학과 영양학에 관한 전문 지식이 있는 사람으로 업무의 분야를 바꾸거나, 이 지식을 발판 삼아 다른 분야로 진출할 수 있어요. 식품을 생산하는 기업에서는 식품 개발, 품질 관리, 마케팅 및 소비자 교육 등에서 영양학 지식을 갖춘 사람이 필요하고, 건강식품이나 기능성 식품 관련 기업도 마찬가지지요. 또 정부 기관이나 비영리 단체에서 영양교육 프로그램을 개발하고 실행하는 일을 할 수 있고, 지역사회의 건강증진을 위한 정책 개발에 참여할 수 있어요. 영양사의 경험과 지식이 있으면 식품 안전 관리, 품질 보증, 식품 규제 관련 업무를 할 때 큰 도움이 돼요. 이처럼 공공보건 분야와 식품 안전 및 규제에 관한 정책 분야에서도 영양사가 활동할 수 있는 일은 많아요.

편 건강한 신체를 가지기 위해 영양과 운동의 관계도 사람들이 관심을 많이 가지고 있더라고요.

이 스포츠 영양이라는 분야가 있어요. 운동과 영양의 관계에 대한 전문 지식을 활용해 운동선수나 체육팀을 위한 맞춤형 식단과 영양상담을 제공하는 분야예요. 이렇게 활동 범위를 넓히면 개인 또는 그룹을 대상으로 하는 영양상담사로 활동할 수도 있어요. 온라인 플랫폼을 활용하여 비대면 상담 서비스도 제공할 수 있고요. 요즘엔 영양 관련 스타트업도 많이 생겨요. 건강 및 웰빙 관련 앱이나 플랫폼을 개발하는 스타트업에서 영양 전문 지식을 활용해 개인 맞춤형 식단 추천 앱이나 건강관리 프로그램을 개발하는데 기여할 수도 있지요. 또 블로그, 유튜브, 소셜 미디어를 통해 영양과 건강에 관한 정보 및 레시피를 공유하는 콘텐츠 제작자로 활동하는 영양사도 있어요.

편 영양사로서 경험과 지식이 있으면 정말 할 수 있는 일이 많은 것 같아요.

이 네, 맞아요. 제가 일일이 다 이야기할 수 없을 만큼 할 수 있는 일이 많아요. 영양사를 그만두고 반찬가게를 차린 사람, 식품 회사를 창업한 사람, 푸드테라피 강사가 된 사람, 아동요리지도사가 된 사람 등 개인의 관심과 선택에 따라 진로를 바꾼 사람들도 여럿 있어요. 그만큼 할 수 있는 일이 많다는 거지요.

아이들의 건강한 식습관을
위해 학부모 교육도
진행해요.

중간관리자로서 주의해야 할 것은
무엇인가요

편 영양사는 조리(실무)사를 관리하는 일도 하는데요. 주의할 점이 있다면 말씀해 주세요.

이 영양사는 조리(실무)사들을 잘 이끌어 계획대로 급식을 완성해야 하는 중간관리자예요. 일을 배운 후에 중간관리자가 되는 것이 아니라 처음부터 그 역할을 해야 해요. 그런데 중간관리자라고 해서 일방적으로 지시하거나 강압적으로 대해야 한다고 생각하면 조리(실무)사들과 좋은 관계 맺기에 실패할 수 있어요. 영양사로서 중간관리자의 역할은 단순히 명령을 내리는 것이 아니라, 조리(실무)사들과의 효과적인 소통과 협력을 통해 급식 운영의 목표를 달성하는 데 중점을 두어야 해요. 저는 신규 시절 나이도 많고 경험이 풍부한 조리(실무)사님들과 함께 일하면서 지나치게 엄격하게 대하려 했던 기억이 있어요. 그 결과 소통이 단절되고, 조리(실무)사님들은 저에게 지적당하지 않기 위해 그 순간만 모면하자는 생각으로 급식에 임하더라고요. 그러다 보니 실수를 숨기는 분위기가 조성되어 급식에 차질이 빚어지는 경우가 생겼어요. 그런데 문제를 깨닫고 조리(실무)사님들과 좋은 관계를 맺고 신뢰하는 분위기를 만들어보려고 시도했지만 한번 굳어진 관계는 쉽게 변하지 않더라고요. 초임이라 저도 실수를 하고, 조리(실무)사님들도 실수를 숨기니 급식 운영이 많이 힘들었어요.

편 그래서 어떻게 이 문제를 극복하셨어요?

이 첫 학교에서 조리(실무)사님들을 부하 직원이 아닌 협력과 동반자의 관계로 인식하고 급식이라는 목표를 향해 함께 나아가는 파트너로 생각해야 한다는 교훈을 얻은 저는 그 경험을 발판 삼아 다음 학교에서는 같은 실수를 반복하지 않아야겠다고 결심했어요. 우리는 한 팀이라는 생각으로 조리(실무)사님들의 의견에 귀 기울이고 좋은 아이디어는 적극적으로 반영했지요. 그분들이 저에게 존중받고 있다고 느끼면 그것이 동기부여가 되어 더 맛있고 건강한 급식을 제공하기 위해 함께 노력하게 되더라고요. 조리 과정에 문제가 생기거나 급식에 문제가 생겼을 때 전에 있던 학교에서는 모두 '내 일이 아니다'라고 소극적인 태도로 임했는데, 서로 유대감이 생기니까 모두가 함께 해결해야 할 과제로 바라보게 되었어요. 이런 변화를 직접 경험한 저는 그때 깨달았죠. 지시하는 리더십이 아니라 상호 존중하고 협력하는 리더십이 사람들의 마음을 움직여 긍정적이고 협력하는 조직을 만든다는 것을요.

이것을 서번트 리더십 servant leadership이라고 해요. 리더가 구성원을 섬기는 자세로 그들의 성장 및 발전을 돕고 조직 목표 달성에 구성원 스스로 기여하도록 만든다는 의미인데요. 영양사는 존중과 겸손의 자세로 팀원과 소통하며, 주인의식을 갖고 일할 수 있도록 돕는 서번트 리더십을 발휘해야 해요.

사람들과 소통하는 선생님의
노하우가 있다면요

편 사람들과 소통하는 선생님의 노하우가 있다면 알려주세요.

이 대인관계는 '유머 한 스푼'이죠. (웃음) 가벼운 유머는 대인관계에 긍정적인 영향을 미치는 중요한 요소예요. 유머는 사람들 간의 긴장을 완화하고, 친밀감을 증진하지요. 유머를 공유하면 상호 신뢰가 형성되어 관계가 더욱 견고해져요. 또 유머는 대화를 더 재미있고 매력적으로 만들잖아요. 가볍게 웃으면 사람들의 마음이 더 열리고, 열린 마음으로 대화하면 상대방의 이야기를 더 수용하게 되지요. 어려운 주제나 갈등을 다룰 때도 유머가 큰 도움이 돼요.

편 직장 생활에서 유머는 어떤 기능을 하나요?

이 직장 내에서 유머는 팀원 간의 유대감을 강화하고, 협력적인 분위기를 조성해요. 함께 웃는 경험을 많이 한 팀은 팀워크가 향상되고 공동의 목표를 향해 나아가는 게 어렵지 않아요. 또 유머는 스트레스를 줄이고, 긍정적인 감정을 촉진하지요. 스트레스가 많은 상황에서도 유머를 통해 마음을 가볍게

할 수 있어서 좋고요. 저는 사람들과 약간의 갈등 상황이 있을 때 긴장을 완화하기 위해 가벼운 농담을 건네곤 하는데요. 그러면 심각하게 반응하던 상대방의 기분이 조금 누그러지는 것을 느껴요. 문제를 부드럽게 해결할 수 있는 틈이 생기는 거죠. 제가 원래 유쾌한 성격이기도 하지만, 이 일을 하면서 유머의 중요성을 정말 많이 느꼈어요. 유머가 있는 사람은 일반적으로 긍정적인 인상을 남기고, 사람들은 유머 감각이 있는 사람과 함께 시간을 보내고 싶어 해요. 그러면 자연스럽게 긍정적인 관계가 형성되는 거죠. 이처럼 유머가 대인관계를 더욱 풍부하고 의미 있게 만들어 주며, 다양한 상황에서 긍정적인 역할을 할 수 있다는 것을 명심하고 청소년 여러분도 사회생활할 때 꼭 실천해 보면 좋겠어요.

편 급식이 수많은 사람을 대상으로 제공되기 때문에 다수가 만족해도 불만족을 표현하는 아이들이나 선생님들도 있을 것 같아요. 그런 때는 어떻게 대응하세요?

이 급식은 단체를 대상으로 하는데, 모든 사람 입맛에 맞을 수는 없어요. 불만을 이야기하는 사람이 늘 있지요. 영양사 중에 이 일을 그만두는 이유로 사람들의 비평을 손에 꼽더라고요. 사실 급식을 좋아하고 만족하는 사람들도 많은데 그런 이야기보다는 불만족한 이야기가 파급력이 커요. 그래서 긍정적인 말은 묻히고 부정적인 말이 더 크게 들리는 건데요. 저는 후배 영양사들에게 일희일비하지 말라고 당부해요. 누구나 실수할 수도 있고, 또 억울할 수도 있어요. 그럴 때 제가 터득한 방법은 생각의 방향을 바꾸는 거예요. 더 좋아지는 과정이라고 스스로 다독이며 긍정적인 에너지를 주는 일을 찾아서 하는 등 분위기를 전환해 좀 가볍게 대응하는 게 좋아요. 매일 평가받는 직업이라는 것을 인식하고 부정적인 반응에 눌리지 않으려는 마음 자세가 필요하죠.

편 불평을 유독 자주 하는 사람도 있지 않나요? 그런 사람들을 어떻게 대하는 게 좋을까요?

이 저는 먼저 다가가요. 입맛이 아주 까다로운 선생님이 있었는데, 그분은 식은 음식을 싫어해요. 그런데 급식은 조리와 배식 사이에 시간 차가 있잖아요. 그게 잘 맞을 때는 따뜻하게 나가지만 조리가 먼저 끝났을 때는 식어서 나가죠. 그런 날은 제가 그 선생님에게 먼저 다가가 "어머 오늘 돈가스가 식어서 드시기 힘드셨죠?"라고 웃으면서 말하면, 웃는 얼굴에 침 못 뱉는다고 불만이 있었던 마음이 좀 누그러지더라고요. 이렇게 좀 가볍고 따뜻하게 대응하면 그런 분들도 영양사와 조리(실무)사의 사정을 이해하고 불만을 토로하는 일이 줄어들어요.

편 학생과 학부모, 교사에게 급식에 대한 신뢰를 쌓는 선생님만의 방법이 있나요?

이 저는 회의 등에서 선생님들과 학부모님들에게 급식을 신뢰할 수 있도록 지식과 정보를 제공하기 위해 준비를 철저하게 해요. 학교에는 급식소위원회와 운영위원회가 있어서 회의 석상에서 급식에 대해 논의할 때가 있는데요. 이런 회의가 열릴 때면 예상 질문을 뽑아서 답변을 준비해요. 늘 하던 일이고 잘 알고 있는 내용도 공개적인 자리에서 질문이 나오면 당황해서 제대로 대답을 못 할 수도 있어요. 그러면 신뢰를 주지못할 수도 있고, 영양교사로서 전문성을 의심받을 수도 있기 때문에 철저하게 준비해서 참석해요. 회의 석상에서 학부모님들이 급식에 대해 궁금한 것들을 저에게 질문했을 때 전문가적인 식견을 가지고 설명하면 급식을 신뢰하는 데 큰 영향을 미치지요.

편 급식에 대한 불만을 강하게 항의하는 학부모가 있을 때는 어떻게 하나요?

이 예전에 다른 학교로 이동한 첫해에 있었던 일이에요. 3월까지는 전 영양교사가 짜놓은 급식 계획표대로 급식을 제공하고 4월부터 제가 짠 식단이 나갔어요. 그리고 얼마 지나지 않아 한 학부모님이 급식이 너무 맛이 없어서 아이가 밥을 안 먹고 온다고 전화가 왔어요. 그 아이만 그러는지 다른 아이들도 그러는지 물었더니 다른 아이들도 급식이 너무 맛이 없어졌다고 한다는 거예요. 그래서 제가 그럴 수 있을 거라고 설명했어요. 급식으로 나가는 함박스테이크는 냉동식품을 쓰지 않고 조리(실무)사님들이 직접 만들었고, 호박수프는 단호박을 갈아 우유와 생크림 넣고 직접 끓였고, 요거트도 직접 만들어 냉동 블루베리와 잼을 넣어 만든 거다, 그래서 가공식품에 익숙한 친구들은 입맛에 안 맞을 수 있고, 요거트도 달지 않아 밋밋하게 느낄 수 있을 거라고요. 그랬더니 어머님이 수제로 일일이 다 만드는 줄 몰랐다고 너무 놀라시더라고요. 그러면서 사실은 주변 아이들이 다 맛없다고 한 것이 아니고 본인 아이만 그렇게 생각한 거라고 하면서 아이에게 잘 이야기하겠다고 하며 오히려 감사 인사를 전하고 끊은 적이 있었어요. 저는 이렇게 불만을 표하는 학부모님들과 직접 소통하는 게 불필요한 오해와 불신을 없애는 방법이라고 생각해요.

편 직접 소통하는 것을 두려워하지 말라는 말씀이네요.

이 모든 학교는 학부모 급식 모니터링을 시행해요. 저는 모니터링 시간을 적극적으로 활용해요. 학부모님들이 검수 시간에 오시면 "아침 일찍 나오시느라 힘드셨죠?"하고 반갑게 맞이해요. 원래는 식품 검수만 하는 것이라 식품만 보여드리면 되는 건데 저는 전처리실, 조리실, 세척실을 돌며 조리기구와 설비, 조리 과정 등을 다 설명해 드려요. 또 학교급식의 HACCP 시스템에 관해서도 설명해 드리고 교차오염을 방지하기 위해 작업별로 앞치마, 고무장갑, 도마, 칼 등을 분리하여 사용하고 있는 모습도 보여드리지요. 축산물 등급판정서와 무항생제 인증서, 방사능 검사 성적서 등 서류도 보여드리고요.

그다음에 식단을 보면서 수제로 만드는 음식은 무엇이고 어떤 과정으로 만든다고 설명해요. 그러면 학부모님들이 자녀가 먹는 음식이 어떻게 나오는지 투명하게 알게 되어서 너무 좋다고 하시고, 위생을 철저히 지켜서 안전한 급식이라는 믿음이 생긴다고 말씀하세요. 저는 이게 영양사가 할 수 있는 홍보 수단이라고 생각해요. 영양교사 중에는 모니터하는 학부모가 오시면 불편하게 생각해 긴장하고 방어적인 자세를 취하기도 하는데요. 아마도 감시를 받는 입장이라고 생각해서 그런 것 같은데, 전혀 그런 부담을 느끼지 않았으면 좋겠어요. 있는 그대로 보여드리고 설명하면 학부모님들과 자연스럽게 소통할 수 있어요. 학부모님들도 정말 좋아하세요. 이분들이 급식에 대해 좋은 생각을 가지면 또 다른 학부모님들도 그 영향을 받더라고요.

급식 홍보를 할 필요도 있겠어요.

솔직히 균형 잡힌 영양이 가득한 건강한 식단이 다 맛있는 건 아니에요. (웃음) 달지 않고 짜지 않고 맵지 않고 첨가물이 적게 들어간 음식이 건강증진에 도움이 된다는 건 누구나 알고 있지만 그런 식단을 실천하는 사람이 적은 것은 사실이 잖아요. 오랜 시간 노력도 해야 하고요. 그래서 아이들이 건강한 급식이 맛없다고 하는 것도 맞아요. 하지만 아이들의 선호도만을 고려해 급식을 만들면 영양 균형과 건강한 식습관 형성이라는 학교급식의 본래 목적에서 벗어날 수 있어요. 아이들의 평생 건강과도 직결되는 문제이기 때문이지요. 그래서 저는 학생과 학부모의 생각을 바꾸는 계기도 영양교사가 제공해야 한다고 생각해요. 저는 학교를 옮기면 학부모 총회에 참석해 급식 소개하는 시간을 꼭 가져요. 식재료 품질 관리는 어떻게 하는지, 영양관리는 어떻게 하는지 등 학교급식을 이해할 수 있는 기본적인 정보는 물론이고, 수제로 만드는 음식의 종류와 조리 과정도 직접 보여드려요. 주메뉴인 함박스테이크,

치킨 케사디아, 포크커틀릿, 미니 피자를 비롯해 후식으로 나가는 요거트, 인절미 토스트 등도 수제로 만들고, 또 건파래 자반 같은 반찬도 좀 더 신선하게 제공하기 위해 직접 볶아서 만든다고 말씀드리고 과정도 직접 소개해요. 그리고 학교급식은 아이들의 건강과 미래를 위해 투자하는 거니까 학교에서 철저히 관리한다. 그러니 부모님도 가정에서 관리해 달라는 당부도 드리죠. 이렇게 적극적으로 급식을 알리면 학부모님들 반응도 좋고 학생들이 급식을 대하는 태도도 달라지는 걸 느낄 수 있어요.

교사와 영양교사는
어떤 관계인가요

편 교사들과 어떻게 관계를 맺으시나요?

이 영양교사는 학교 공동체의 일원으로서 다른 교사들과 협력하고 소통하여 관계를 잘 맺는 것도 중요해요. 아이들의 배식지도, 급식지도, 질서 유지 등 급식 운영을 원활하게 진행하려면 담임 교사들의 협조가 필수적이지요. 또한, 교사들과 좋은 관계를 유지하면 교내에 협력적인 분위기가 조성되어 급식에 대한 긍정적인 인식을 높이고 영양교사의 역할을 더욱 효과적으로 수행할 수 있어요. 교사들과 원만한 관계를 맺기 위해서 저는 제가 속한 동학년 회의에 빠지지 않고 들어가는 편인데요. 사실 업무가 워낙 많아서 동학년 회의에 참석하다 보면 그날은 야근해야 할 수도 있어요. 하지만, 동학년 회의에 참석하면 학교 공동체의 일원으로서 학교의 전반적인 흐름과 운영 상황을 더욱 깊이 이해할 수 있어요. 또 학생들에 대한 다양한 정보를 얻을 수 있을 뿐 아니라 효과적인 수업 지도에 대한 팁도 얻을 수 있지요.

아무리 철저히 관리하더라도 급식을 준비하는 과정에서 예기치 못한 일이 발생할 수 있어요. 이물질이 혼입되거나, 급식이 제시간에 완성되지 않아 늦어지게 되는 등 급식과 관련된 다양한 문제가 생길 가능성이 있습니다. 이런 곤란한 상황에서 선생님들과의 관계가 원만하다면 함께 적극적으로 대응하여 문제 확산을 막을 수 있어요. 반면, 교사가 급식에 대해 관심이 없거나 영양교사와 교사 간의 교류가 부족할 경우 문제가 방치되어 더 커질 수도 있어요. 학교에서 발생하는 민원은 대부분 초기에 신속하고 적절하게 대응하면 큰 문제로 번지지 않아요. 이때, 선생님들의 협조와 지원이 매우 중요한 역할을 합니다.

편 영양교사는 다른 교사들과 관계가 없다고 생각했는데 그게 아니네요.

이 영양교사가 학생들에게만 영향을 미치는 직업이라고 생각할 수 있지만, 선생님들과의 관계도 매우 중요해요. 학교에서 급식을 제공하는 일을 하다 보면 교사들과 협력해야 할 일이 많아요. 예를 들어, 학생들의 건강상태나 알레르기 정보, 특정 식단 요구사항에 대해 교사들과 소통하고, 급식 시간에 학생들이 잘 먹을 수 있도록 교사들의 협조가 필요하죠. 또한 급식은 영양교사만의 힘으로 이루어지는 일이 아니라, 교사들과 학부모들이 함께 힘을 합쳐야 하는 부분이기 때문에 선생님들과의 관계가 중요해요. 제가 선생님들에게도 급식에 관한 지식과 정보를 기회가 있을 때마다 적극적으로 알리는 이유는 학생들의 올바른 식습관 교육이 영양교사의 힘만으로 되는 게 아니기 때문이에요. 이건 영양교사와 교사, 그리고 학부모가 서로 힘을 합쳐서 한목소리를 내야 하는 교육의 문제인 거죠.

학교급식은 왜 중요한가요

편 코로나19 이후 학교급식이 얼마나 중요한지 알게 되었는데요. 실제로 학교 현장에서는 어떻게 느끼셨어요?

이 코로나19 이전과 이후를 비교하면 확실히 달라진 것을 느낄 수 있어요. 그전에는 AI의 발전으로 교육도 그냥 집에서 하면 더 효율적이고 성과가 좋을 것이라는 의견이 호응을 얻었어요. 가까운 미래에는 학교가 필요하지 않을 수도 있다는 주장도 나왔지요. 그런데 코로나19 시기를 지나면서 학교가 학습만을 위한 곳이 아니라는 게 증명되었어요. 아이들이 건강하고 바르게 자라는 데 필요한 생활 습관과 식습관도 학교생활을 통해 길러진다는 것을 잊고 있다가 모든 사람이 깨닫게 된 거죠. 급식에 관한 인식도 크게 변했어요. 학교급식을 단순히 한 끼 제공하는 것이라고 가볍게 여겼지만, 급식이 한동안 중단되면서 학생들이 배달 음식과 인스턴트 식품에 익숙해지고, 그로 인한 비만율 증가 등 다양한 변화가 나타났어요. 이를 통해 급식이 단순한 식사의 의미를 넘어, 아이들의 건강한 성장과 바른 식습관 형성에 중요한 역할을 한다는 사실을 다시금 깨닫게 되었지요.

편 온라인 수업을 하면서 아이들의 생활 습관과 식습관이 무너지고 건강이 악화되었다는 기사를 저도 보았어요.

이 당시에 비만 증세를 보이는 학생들이 증가했어요. 가공식품과 패스트푸드, 음료를 섭취하는 비율이 높아졌기 때문이에요. 저도 그런 기사를 보면서 안타까웠죠. 하루 한 끼라도 골고루 먹는 게 얼마나 중요한지 알게 되었고, 영양교사로서 책임감도 더 느꼈답니다. 그런데 코로나19 시기는 정말 힘들었어요. 등교하는 날과 등교하지 않는 날이 일정하지 않아 식재료 관리가 어려웠고, 조리(실무)사님들의 출근도 변동이 생겼죠. 조리(실무)사 중에 두세 명이 코로나에 걸려 못 나온다고 하면 급하게 조리할 사람을 구해야 하고, 그마저도 어려우면 모자라는 인원으로 급식을 준비해야 했어요. 또 결석하는 학생들도 많아 준비한 음식을 버리거나, 급식 재료를 다 준비했는데 갑자기 당일 휴교 결정이 나서 식재료를 다 버리는 일도 많았죠. 하루하루가 힘들었던 기억이 나네요.

편 코로나19 이후에 학교로 돌아온 아이들도 이전과 크게 달라졌다고 하던데, 급식에서도 그 영향이 있었나요?

이 코로나19 이전보다 잔반이 엄청나게 많이 나온 것을 보고 학생들의 편식이 너무 심해졌다는 것을 피부로 느꼈어요.

학교급식은 기본적으로 건강한 음식을 지향하기 때문에 자극적인 음식에 오랫동안 길든 학생들의 입에는 맛이 없게 느껴질 수밖에 없어요. 그래서 한동안 학교급식이 맛없다는 민원이 교육청에 빗발쳤다고 하더라고요. 사실 이 문제를 해결하는 것은 쉽지 않아요. 건강한 음식을 맛있다고 느끼도록 하려면 오랜 시간이 걸려요. 자극적인 음식에 입맛을 길들이는 건 쉬운데 그걸 되돌리는 건 어려운 일이거든요. 그래서 한동안 영양교사들의 고충이 있었죠. 하지만 코로나19라는 사건으로 인해 건강한 식단으로 아이들의 성장을 돕는 학교급식에 대해 재인식하게 되었지요.

편 급식으로 나갈 수 없는 음식도 있지 않나요?

이 회나 초밥처럼 익히지 않은 날 것의 음식은 식중독을 유발할 위험이 커서 급식으로 제공하지 않아요. 수백 명 이상의 학생과 교사가 급식을 먹는데, 그중에 면역력이 약한 사람은 조금만 균에 노출되어도 배가 아플 수 있어요. 또 마라탕이나 라면과 같이 나트륨 함량이 높고 자극적인 첨가물이 많이 들어가 맵고 짠 음식도 급식으로 제공하지 않아요. 탕후루처럼 당 함량이 높은 음식도 마찬가지예요. 손이 너무 많이 가는 음식도 급식으로 제공하기 어렵고요.

편 영양교사의 재량인가요, 아니면 지켜야 할 원칙인가요?

이 시울시교육청에서는 매년 학교급식 기본 방향이라는 책을 각 학교에 배부하는데요. 학교급식의 식단을 작성할 때 지켜야 할 기준이 나와 있어요. 곡류와 채소류, 과일류, 어육류, 콩류, 유제품 등 다양한 식품을 사용하고, 튀긴 음식류는 주 2회 이하로 제공할 것, 너무 짜거나 단 음식, 식품첨가물이 많이 들어간 식품은 되도록 사용하지 않을 것, 조미료를 사용하지 않을 것 등 성장기 학생들의 건강증진을 위한 이러한 기준은 영양교사가 지켜야 하는 원칙이에요.

편 입맛도 취향도 다른 대상자에게 급식을 제공하는 일은 쉽지 않은 것 같아요. 가장 신경 쓰는 것은 무엇인가요?

이 식중독이에요. 아이들은 감기에 걸려도 배가 아프다고 호소하기도 하고, 장염에 걸렸거나 바이러스로 인해 구토나 설사를 하는 경우가 있어요. 그런데 급식을 먹은 후 배가 아픈 아이가 생기면 가장 먼저 급식부터 의심해요. 그래서 환자가 발생했다는 소리를 들으면 가슴이 철렁하지요. 아픈 원인이 밝혀질 때까지 마음을 졸이는데, 그때는 몸과 마음이 바싹 타들어 가는 느낌이에요. 그래서 그런 일이 없도록 위생 관리를 철저히 하고 있지요.

우리학교 급식을 소개합니다

영양교사 이은영

1. 학교급식 현황

급식비

구분	식품비	우유비	관리비	인건비	합계
원	3,026	530	98	247	3,999

우유 급식

- 우유 납품 업체: ■■우유
- 백색 시유와 ■■ 주별 순환 급식

2. 학교급식 식재료 품질 관리

식재료 품질관리 공통 기준

「학교급식법」 학교급식 식재료 품질관리 기준에 부합하는 식재료 사용
- 김치: HACCP 지정 업소 제품 사용 의무화
- 축산물: HACCP 적용 작업장에서 처리된 축산물 사용, 축산물등급판정서 확인 및 이력 추적
- 유전자변형식품이 아닌 안전한 식재료 사용
- 식재료 당일 입고, 당일 사용

우리학교 식재료 품질관리 기준

쌀	무농약 이상 제품, 수확한지 1년 이내, 최근 도정일	수산물	원산지증명서, 수입 신고필증 방사능 검사성적서 확인
농산물	친환경 제품 우선 사용	김치류	모든 원재료 국내산 사용
축산물	쇠고기 한우 2등급 이상 돼지고기, 닭고기, 오리고기, 달걀 무항생제	공산품	표시사항 준수(제조연월일, 성분함량, 원산지 표시된 제품 사용) 국내산 가공식품 우선 사용

3. 학교급식 영양관리

- 학교급식 영양관리기준 준수
- 다양한 식품 사용 (곡류, 채소과일류, 어육류,콩류, 유제품)
- 음료나 과자류 후식 보다는 국내산 제철 과일 우선 사용
- 건강지향적이고 성장 발달 단계에 적합한 영양관리
- 화학조미료 사용 지양 튀김류 주 2회 이하 제공
- 자연식품과 계절식품 적극 사용

균형 잡힌 식단으로 건강을 디자인하는
영양사

3. 학교급식 영양관리

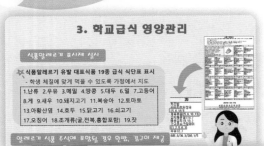

식품알레르기 표시제 실시

⭐ 식품알레르기 유발 대표식품 19종 급식 식단표 표시
 - 학생 체질에 맞게 먹을 수 있도록 가정에서 지도

1.난류 2.우유 3.메밀 4.땅콩 5.대두 6.밀 7.고등어
8.게 9.새우 10.돼지고기 11.복숭아 12.토마토
13.아황산염 14.호두 15.닭고기 16.쇠고기
17.오징어 18.조개류(굴,전복,홍합포함) 19.잣

알레르기 식품 조식에 포함될 경우 원밥, 김가에 제공

4. 학교급식 위생관리

HACCP 시스템 적용

● 가열 조리시 중심온도 75도(패류는 85도)
  이상에서 1분 이상 가열
● 조리완료 후 2시간 이내 배식 완료
● 교차오염 방지를 위한 용도별 분리 사용
  (고무장갑, 앞치마, 칼, 도마)
● 급식종사자 정기 위생 교육 실시
● 규정에 의한 급식기구 및 기기류 세척, 소독 실시

5. 열린 학교급식 운영

학교 홈페이지

● 당일 제공 급식 사진 게시
● 학교급식 식품비 사용 비율 공개
● 위생, 안전 점검 결과 공개
● 학교급식 만족도 조사 결과 공개

학부모 참여 활동

● 학교급식모니터링 실시
 - 식재료 검수 등 참관

6. 영양교육

영양·식생활 교육

식습관
바르게
가져요

저학년
골고루 먹기/식습관 교육
채소와 친해지기
기후 위기와 먹거리 교육

고학년
당 섭취 줄이기
영양정보 확인하기

7. 초등학교 급식

- 염도계를 사용하여 저염식이 되도록 합니다.
- 매월 1회 그린급식 실시 (페스코베지테리안 단계)
  우유, 달걀, 생선, 해산물 활용
- 순한맛 고춧가루를 사용하여 덜 맵게 조리합니다.
- 저학년과 고학년을 가급적 따로 조리합니다.
- 후식으로 주스나 인스턴트 제품 보다는 과일로
  제공합니다.
- 대부분의 음식을 급식실에서 직접 조리하여
  제공합니다.

7. 초등학교 급식

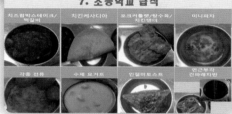

학교급식은
미래의 건강투자입니다

반려동물을 위한 영양사도 있다던데, 사실인가요

편 반려동물을 위한 전문 영양사라는 직업이 새로 생길 수 있다는 기사를 봤어요. 실제로 이런 직업이 있나요?

이 네, 있어요. 우리나라에는 아직 잘 알려지지 않았지만 외국은 공식 자격증 제도와 인증 프로그램이 있다고 해요. 주요 업무는 영양상담, 맞춤형 식단 설계, 사료 및 간식 평가, 질병 예방 및 관리인데요. 반려동물의 나이, 체중, 품종, 건강상태 등을 분석해 맞춤형 식단을 제안하고, 식이 알레르기나 소화 문제를 가진 반려동물에게 적합한 음식을 추천해요. 특정 질병(비만, 당뇨, 신장병 등)이 있는 반려동물을 위한 특수 식단을 설계하고, 또 수제 사료를 만드는 사람들에게 반려동물의 상태에 맞게 적절한 영양소 비율을 계산해 균형 잡힌 식단을 추천하지요. 시중에 판매되는 사료와 간식의 영양 성분을 분석해 반려동물에게 가장 적합한 제품을 선택하는 데 도움을 주고, 질병 예방을 위한 영양소 공급 전략을 세우고, 건강상태가 악화한 반려동물의 회복을 지원하는 등의 일을 해요.

편 대상이 사람에서 반려동물로 바뀐 것뿐이고 하는 일은 영양사와 차이가 없는 것 같아요.

🔵 맞아요. 그래서 수의학, 동물학을 전공하지 않았더라도 식품학, 영양학을 전공하면 반려동물 전문 영양사가 될 수 있어요. 이 직업이 우리나라에서는 아직 낯설지만 멀지 않아 전문가들이 나오지 않을까 예상해요. 2024년 11월에 농촌진흥청에서 반려동물(개·고양이) 사료 영양표준을 발표했어요. 반려동물이 건강한 생활과 정상적인 생리 상태를 유지하는 데 꼭 필요한 사료 영양소의 최소 권장 수준을 제시한 지침이에요. 외국에는 이미 반려동물 사료의 영양표준을 제정하고 산업으로 활용하고 있는데, 우리나라는 반려동물 사료에 대한 영양학적인 기준이 없었어요. 그래서 국내 반려동물 사료의 영양표준의 제정은 국내 사료산업의 성장을 이끌고, 반려동물의 건강관리를 전문적으로 하는 영양사의 역할을 확대할 것으로 예상합니다.

이 직업에 관한 책이나
영화, 드라마가 있나요

편 영양사라는 직업의 세계를 알 수 있는 책이나 영화, 드라마가 있다면 소개해 주세요.

이 『잡식동물의 딜레마 The Omnivore's Dilemma』(마이클 폴란, 다른세상)라는 책이 있어요. 우리가 먹는 식품의 재료는 무엇이고 어떻게 만들어지는지, 그 과정에서 생긴 문제를 파악하기 위해 음식의 기원을 찾아 나선 저자가 발견한 것들이 주요 내용이에요. 현대 식품 시스템과 영양에 대한 깊은 통찰을 제공하는 책으로 영양사로서 식단을 계획하는 데 필요한 다양한 관점을 제시하고 있어요. 편의점에서 마트에서 무심코 우리가 집어드는 식품의 기원을 알고 싶다면 이 책을 읽어보세요. 같은 저자의 책 『푸드룰 Food Rules』(21세기북스)도 추천해요. 간단하고 실용적인 식사 규칙을 제시하여 건강한 식습관을 기르는 데 도움을 주는 내용으로 영양사들이 고객에게 권장할 수 있는 유용한 정보가 많이 있어요.

영화로는 〈줄리 앤 줄리아 Julie & Julia〉(2009년)를 추천해요. 요리와 식사가 중심이 되는 영화로 다양한 프랑스 요리들이 나올 때는 배가 고파지기도 하는데요. 영양사와 관련된 요리의 중요성을 강조한 영화로 주인공들이 요리를 통해 성장하는 모습도 볼 수 있어요. 또 〈Fed Up〉(2023년)은 미국의 비만 문제를 다룬 다큐멘터리 영화예요. 건강에 해로운 식습관을 조장하는 식품 산업의 역할을 포함해 문제의 근본 원인을 탐구하는 내용이죠. 영화는 의사, 영양사, 공중 보건 공무원을 포함한 전문가의 인터뷰를 담고 있는데, 영양과 식습관 개선이 왜 필요하며 영양사의 역할이 얼마나 중요한지 알 수 있답니다.

나도
영양사

나도 영양사! - 영양사 체험 활동

안녕하세요, 미래의 영양사 여러분!

영양사는 단순히 식단을 짜는 사람이 아니라, 건강한 식문화를 만들어가는 전문가입니다! 오늘은 여러분이 직접 영양사가 되어 학교급식을 계획해 보는 시간을 가져볼 거예요. 영양사의 중요한 업무 중 하나인 '식단 작성'을 체험해 봅시다.

미션

초등학교 학생들을 위한 월-금요일 점심 식단을 작성해 주세요.
- 자신이 좋아하는 음식 또는 학교급식 메뉴를 떠올려 보세요.

활동 방법

❶ **영양 균형** 탄수화물, 단백질, 지방, 비타민, 무기질이 균형 있게 포함되어야 해요.

❷ **다양성** 같은 재료나 조리법이 너무 자주 반복되지 않도록 해주세요. 다양한 색깔의 음식이 들어갈 수 있도록 해주세요.

❸ **계절성** 제철 식재료를 활용해 보세요.

❹ **학생들의 기호** 학생들이 좋아할 만한 메뉴를 고려해 주세요.

❺ 건강한 식단으로 작성해 주세요.

❻ **예산** 한 끼에 약 4,000원 정도로 예산을 맞춰주세요.

❼ 한 끼 영양량 기준표는 아래와 같습니다.

에너지(kcal)		600
단백질(g)		15
비타민A(R.E.)	평균 필요량	130
	권장 섭취량	184
티아민(비타민B₁)(mg)	평균 필요량	0.27
	권장 섭취량	0.3
리보플라빈(비타민B₂)(mg)	평균 필요량	0.27
	권장 섭취량	0.34
비타민C(mg)	평균 필요량	18.4
	권장 섭취량	23.4
칼슘(mg)	평균 필요량	217
	권장 섭취량	267
철(mg)	평균 필요량	2.7
	권장 섭취량	3.4

식단 작성이 어려울 경우에는 1-5번만 고려해서 작성해 보세요.

작성 방법

월요일부터 금요일까지, 요일별로 주식, 국, 주찬, 부찬 2가지, 후식으로 구성해 주세요.

월	
화	

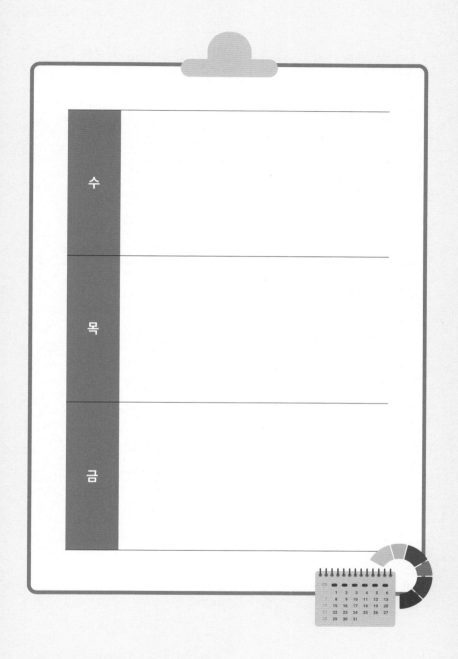

수	
목	
금	

- 내가 구성한 식단은 건강한 식단일까요?
- 다섯 가지 영양소가 골고루 들어가 있나요?
- 부족한 영양소는 무엇일까요?
- 부족한 영양소를 보충하기 위해서 어떤 음식을 추가 하면 좋을까요?

마무리 나의 영양사 체험 후기

· 내가 직접 영양사가 된다면 어떤 역할을 하고 싶나요?

· 영양사가 하는 일이 생각보다 어렵다고 느껴졌나요?

• 영양사가 되려면 어떤 능력이 필요할까요?

_____

_____

_____

• 건강한 식습관을 위해 내가 실천할 수 있는 것은 무엇일까요?

_____

_____

_____

• 오늘 영양사 체험을 하면서 새롭게 알게 된 점이나 느낀 점을 적어 보세요.

_____

_____

_____

균형 잡힌 식단으로 건강을 디자인하는
영양사

영양교사
이은영 스토리

편 선생님의 개인적인 이야기를 들어보는 시간이에요. 먼저 어린 시절엔 어떤 아이였는지부터 이야기해 주세요.

이 호기심이 많고 활동적인 아이였지요. (웃음) 학교에서 개최하는 노래자랑이나 동시대회 같은 행사에 거의 참여했고 수상도 여러 번 하는 등 다양한 활동을 즐겼어요. 또 초등학교 고학년 때는 소년한국일보 기자로 활동했어요. 당시에 기자 활동이 우수한 학생에게 일본 견학을 보내주었어요. 저는 6학년 때 그 기회가 와서 신나게 견학을 다녀왔고, 제가 쓴 견학 후기가 소년한국일보에 실리기도 했죠.

편 정말 활발한 활동을 하셨네요.

이 친구들과 어울리는 것을 좋아하고 공부도 열심히 해서 반장도 하고 전교 부회장도 했어요. 지금은 사라졌지만 제가 학교 다닐 때만 해도 6년 개근상이 있었어요. 사실 6년 동안 하루도 빠지지 않고 학교에 다닌다는 게 쉬운 일은 아닌데, 제가 그 어려운 일을 해서 졸업할 때 개근상을 탔답니다. (웃음) 또 교육열이 높은 부모님 덕분에 서예, 그림, 피아노, 주산 등을 배우러 여러 개의 학원에 다녔어요. 부모님은 엄격한 편이어서 어릴 때는 불만을 가진 적도 있었는데 다양한 활동을 지원해 주신 덕분에 제가 책임감 있고 성실하게 여러 활동을 할 수 있었어요. 지금 제가 직장 생활을 하면서 다양한 분야에 관심을 가지고 활동을 할 수 있게 된 것도 어릴 때 부모님께서 다양한 지원을 해주셔서 가능한 것 같아 늘 감사한 마음입니다.

편 어릴 때 식습관은 어떠셨어요?

이 편식이 심한 어린이였어요. 달걀과 햄이 반찬으로 올라오지 않으면 밥을 안 먹었다고 어머니가 지금도 말씀하실 정도예요. 사실 어릴 때 식습관이 성인이 되었을 때까지 한동안 이어졌는데요. 좀 재미있는 에피소드도 있었어요. 제가 영양교사로 근무하면서 사찰음식을 배울 때였어요. 매번 담백하고 건강한 음식만 먹다 보니 어찌나 햄을 먹고 싶은지 아침에 일어나자마자 햄을 구워 먹고 나갔던 기억이 나네요. (웃음) 저의 경우만 봐도 어렸을 때 식습관이 얼마나 중요한지 알겠지요? 만약에 제가 학교 다닐 때도 학교급식이 있었다면 어땠을까 생각해 보곤 해요. 그때는 모두가 집에서 싸준 도시락을 가지고 다녔는데, 반찬을 다양하게 가지고 다니지 못했어요. 어머니가 열심히 챙겨주셨지만, 직장 생활을 하시는 분이라 다양한 음식을 만들어 도시락에 싸기는 힘들었을 것 같아요. 그러니 골고루 먹을 반찬도 부족하고 균형 잡힌 영양 섭취도 어려웠지요. 이건 저뿐만 아니라 도시락 세대라면 거의 비슷했던 것 같아요. 그렇지만 이런 경험이 아이들에게 건강한 급식을 제공하고 건강한 식습관을 길러주고 싶어서 제가 영양교육에 더 열정을 쏟는 밑바탕이 된 것 같아요.

[편] 중고등학교 시절은 어떻게 보내셨어요?

[이] 공부도 하고 친구들과 어울려 놀기도 하면서 평범한 학창 시절을 보냈어요. 친구들과 함께하는 시간이 참 즐거웠던 기억이 나네요. 방과 후에는 함께 도서관을 가거나 맛집을 찾아다니면서 소소한 행복을 즐겼어요. 특별히 눈에 띄는 학생은 아니었지만, 주어진 일에 최선을 다하려고 노력했죠. 그 시절에는 뚜렷한 목표가 있지는 않았어요. 그저 학교생활을 열심히 하면서 앞날에 대해 고민했던 평범한 청소년이었어요. 진로를 정하는 과정에서 여러 가지를 고민했지만, 결국 취업이 잘된다는 이야기를 듣고 식품영양학과에 진학하게 되었어요.

[편] 대학에 다니면서 영양사가 되어야겠다고 마음먹었던 건가요?

[이] 사실 처음부터 영양사가 되고 싶다는 확고한 목표가 있었던 건 아니었어요. 식품영양학과를 선택한 이유도 단순히 안정적인 취업이 가능하다는 이야기를 들었기 때문이에요. 먹는

출처 : 서울시교육청

학교 급식 및
영양교육 홍보 영상

출처 : (사)대한영양사협회

(사)대한영양사협회
국민영양지 표지모델

방송하는 이은영! 부캐로 대학 시절의 꿈을 이루었어요.

것은 좋아했지만, 요리나 식품에 대한 특별한 관심이 있었던 것도 아니었어요. 그래서 대학 시절에는 과 활동보다는 방송 반에서 아나운서 활동을 열심히 하면서 방송 일에 매력을 느꼈고, 졸업하면 방송 관련 일을 하고 싶다는 생각도 했었어요. 하지만 방송 관련 취업이 쉽지 않았어요. 고민하던 중, 안정적인 직업이라는 점도 매력적이었고, 대학에서 배운 전공을 살릴 수 있는 길이기도 해서 지금의 직업을 선택하게 되었지요.

편 초임 영양사 시절은 어떻게 보내셨어요?

이 처음엔 정말 정말 정말 힘들었어요. (웃음) 지금은 영양교사가 되면 연수 교육도 받고 멘토-멘티를 맺어 선배 영양교사의 도움을 받을 수 있도록 배려하는데, 당시에는 신규 연수도 없이 바로 학교에 발령이 나서 실무를 해야 했어요. 그런데 제가 요리의 기본도 모르는 상태여서 알감자를 발주해야 하는데 일반 감자를 발주해 감자를 썰어서 써야 한다던가, 찌개에 파가 들어가는 것을 모르고 파를 발주하지 않았다던가, 이런 실수를 초기에 많이 했어요. 그러니까 일이 힘들어서 "난 이 직업만 아니면 행복할 것 같아"라는 말을 달고 다녔어요.

편 어떤 점이 그렇게 힘드셨어요?

이 일단 조리와 영양사 업무에 대한 지식이 부족해서 업무를 제대로 수행하는 것이 힘들었어요. 영양사는 직접 조리를 하지는 않지만, 음식의 맛과 조리에 대한 기본적인 이해는 필요해요. 그런데 저는 사실 요리에 별로 관심도 없었고 요리에 대한 경험과 지식이 부족하다 보니, 어떤 음식이 맛있는지조차 잘 모르겠더라고요. (웃음) 맛이라는 것은 주관적인 요소이기 때문에 초반에는 아이들이 좋아하는 냉동식품을 급식에 자주 활용했어요. '맛있게만 하면 되겠지!'라는 단순한 생각이었던 거죠. 그때는 급식에 대한 철학도 없을 때였으니까요. 그리고 앞에서도 말했듯이 첫 학교에서는 조리(실무)사님들과의 관계에서도 많은 어려움을 겪었어요. 처음에는 그분들을 함께 일하는 동료가 아닌, 단순히 지시를 따르는 직원처럼 대하며 원칙을 앞세워 지나치게 엄격하게 관리 · 감독하려 했거든요. 저보다 나이도 많고 경험도 풍부한 분들의 이야기를 귀 기울여 듣기보다, "이렇게 해야 한다, 저렇게 해야 한다"라며 일방적으로 지시하고 지적하기만 했죠.

그 결과, 소통은 단절되었고 조리(실무)사님들은 저에게 지적받지 않으려 그 순간을 모면하는 데만 급급했어요. 실수를 숨기려는 분위기가 형성되면서 급식 운영에 차질이 생기는 일이 점점 늘어났고, 그럴수록 급식실 분위기는 더욱 악화되었지요.

결국, 이 일을 계속할 수 있을까 하는 고민까지 하게 되었어요.

편 어떻게 그 어려움을 극복하셨어요?

이 두 번째 학교에서 전환점을 맞이했어요. 제 동기가 있었던 학교였는데, 그 친구는 요리하는 것을 좋아해서 조리 관련 자격증을 여러 개 취득했고 요리도 아주 잘했죠. 그 친구 후임으로 가서 처음에는 그 친구가 한 식단을 보고 많이 따라 하고, 다른 영양 선생님께 레시피를 물어보고 조언을 구했어요. 또 요리학원에도 다니고 음식점도 다양하게 다녔어요. 앞에서 말한 것처럼 맛의 기준을 세우려고 저 나름대로 노력하고, 맛있는 음식이 무엇인지, 맛은 어떻게 내는지 찾아다니며 공부하고, 레시피 연구도 하면서 이 일에 책임감을 가지게 되었지요. 그리고 무엇보다 이 일을 직접 수행하는 조리(실무)사님들과 관계를 잘 맺어야 한다는 걸 깨닫고 관계를 개선할 방법을 찾으려고 했어요. 예전에는 제가 윗사람이라고 생각해서 지시하고 명령했는데, 전혀 협력을 끌어내지 못하고 실패했잖아요. 그 경험을 거울삼아 다음 학교에서는 조리(실무)사님들을 동료로 대했어요. 제가 잘 모르는 것은 인정하고 의논했더니 협력 관계가 되더라고요. 조리(실무)사님들이 좋은 의견을 내면 적극적으로 반영하고 존중했더니 다음에 제가 좀 어려운 과정을 주문해도 한번 해보자고 수용하시더라고요.

편 참 어려운 문제였는데 슬기롭게 극복하셨네요.

이 제가 초임 영양사들을 만나 저도 초반에 이런 문제로 고생했다고 하면 안 믿어요. 저는 처음부터 이 일을 좋아하고 잘했을 것 같다고요. (웃음) 정말 힘들었는데 업무 능력이 향상되고 나니 예전에는 그렇게 싫었던 직업이 점점 좋아지게 되더라고요. 그래서 알았죠. 이건 노력으로 얼마든지 극복할 수 있는 문제라고요. 그런데 요즘 신규 영양교사 중에 일이 힘들고 어렵다며 포기하는 예도 있어요. 그런 사람들에게 저의 경험이 도움이 되었으면 합니다. 저를 보세요, 힘든 시간을 잘 극복해서 지금은 이 직업을 너무 사랑하는 사람이 되었잖아요. (웃음)

편 선생님은 친환경 식단을 만들어 실천하시는데, 친환경 식단에는 언제부터 관심이 있으셨어요?

이 2009년으로 기억해요. 그때 근무하던 학교가 강동구청에서 친환경 급식 시범학교로 선정되었어요. 그때는 친환경 급식이 처음 도입되는 시기여서 친환경 급식에 크게 관심이 없었어요. 그러다가 친환경 급식 시범학교로 지정이 되면서 친환경 식재료에 관심을 가지게 되고 친환경 식재료가 우리 아이들의 건강과 환경에 미치는 영향에 관해 공부하게 되었지요. 또한 좋은 식재료만 쓴다고 친환경 급식, 건강한 급식이 아니라는 생각에 조리 과정에서도 건강한 급식을 만들어야겠다고 생각하게 되었어요. 그래서 저는 건강한 급식을 제공하려면 힘들고 까다로워도 수제로 만들어야겠다는 결심을 하고 조리(실무)사님들을 설득해 하나씩 실현해 나갔죠. 또 영양교육도 해야 하는데, 제가 급식에 첨가물과 당이 많이 들어간 식품들을 사용하고, 냉동식품을 사용하면서 아이들에게 건강한 급식을 가르칠 수가 없더라고요. 그래서 건강한 급식이 무엇인지 공부하고 고민하고 실천하면서 저만의 급식 철학이 생겼습니다.

편 선생님의 급식 철학은 무엇인가요?

이 아이들에게 평생 건강을 좌우할 건강한 입맛을 길러주어야 한다는 거예요. 매우 단순하지만, 실천은 쉽지 않아요. 입맛을 바꾸려면 식재료와 조리 과정도 바뀌어야 하지만 먹는 사람의 인식도 바뀌어야 해요. 생각이 바뀌지 않으면 아무리 건강한 음식이라도 거부감이 생겨서 먹지 않거든요. 영양교육이 중요한 이유이지요. 그래서 저는 영양교육 프로그램을 재

한 끼의 가치가 담긴 농부와 영양교사의 이야기

아이의 미래를 위해
가치를 담은 한 끼를 만들어요

이상기후로 기온이 갑작스럽게 올라가면서 때 이른 한여름 날씨가 이어지고 있는 6월의 어느 날.
양주에서 친환경으로 당근, 양파 농사를 짓고 있는 이남용 농부와
서울상내초등학교에서 아이들의 급식을 맡고 있는 이문영 영양교사가 만난다.
아이들에게 건강과 지구를 지키는 가치 있는 한 끼를 전달하기 위해 노력하고 있는 두 사람의 이야기를 소개한다

이남용 농부
19년 차 친환경농부. 양주시 친환경농업인연합회 회장,
경기도 친환경농업인연합회 친환분과위원장을 맡아오고 있으며,
현재 경기도 양주에서 친환경 담은 양파 등을 생산하고 있다.

이문영 영양교사
29년 차 영양교사. 현재 서울상내초등학교에서 근무 중이며
지난해까지 서울특별시 영양교사회 회장을 역임했다

미있게 만들어서 수업하려고 노력해요. 학부모를 대상으로 강의할 때도 아이들에게 건강한 입맛을 길러주는 게 왜 중요한지 강조하지요. 사실 제가 학교에서 수제 요거트를 만드는 것보다 사는 게 훨씬 간단한 일이에요. 요거트를 만들려면 8시간 동안 발효시켜야 하는데 얼마나 번거로워요. 그래도 제가 이렇게 하는 것은 파는 요거트에 우리가 생각하는 것 이상으로 당이 많이 들어있기 때문이에요. 또 저는 급식에 음료를 잘 주지 않는데요. 액상과당이 든 음료를 많이 마시면 아이들이 비만이 되는데, 비만은 만병의 근원이 되기 때문이에요. 또 음료는 열량은 높지만, 영양소는 거의 들어 있지 않아서 영양 결핍 상태를 초래하기도 해요. 살은 쪘는데 영양실조에 걸리는 거예요. 그런데 단맛에 길들면 그게 엄청 달다는 것도 못 느끼고 섭취하게 되지요. 제가 문제를 하나 낼게요. 초코파이와 콜라, 어린이들이 자주 마시는 어린이 음료가 있어요. 어느 것의 당이 가장 높을까요? 제가 학부모들에게 이 문제를 냈더니 다 초코파이라고 답하세요. 아니에요. 어린이 음료, 콜라의 당이 가장 높고 의외로 마지막이 초코파이예요. 음료에는 우리 생각보다 더 많은 당이 들어 있는데요. 어머니들이 그걸 모르시더라고요. 그리고 액상과당은 포만감을 느끼게 하는 랩틴 호르몬의 작용을 방해해서 실제로 배부른 것을 못 느끼게 해서 과

식을 부추기지요. 당이 많이 들어있는 탄산음료 등을 과다 섭
취하는 것이 우리 몸에 얼마나 좋지 않은 영향을 미치는지 모
른 채 섭취하는 아이들이 안타까워요. 그래서 저는 건강한 식
단을 전파하는 전도사처럼 강의도 하고 다니며, 아이들에게
올바른 식습관을 알려주려고 노력하고 있어요. (웃음)

편 선생님은 외부 강의도 많이 하시는데, 언제부터 시작하셨
어요?

이 경력이 13년 정도 되었을 때부터 시작한 것 같아요. 당시
에 학교에서 근무하는 영양교사들이 영양교육자료를 만드는
모임을 했어요. 거기서 제가 영양교육자료를 만들어 발표했
는데, 영양교사회 선생님이 보시고 영양교육 사례 발표를 하
는 게 어떠냐고 권하셨어요. 강의를 해본 적이 없어서 부담스
러웠는데 준비 시간을 꽤 넉넉히 주셨어요. 그래서 한 5~6개
월 준비해서 2시간 동안 강의했어요. 그게 아마 첫 강의였던
것 같아요. 이후 반응이 좋아서 다른 곳에서도 강의 요청이 들
어왔고, 교육청에서 발간한 식생활 지도서에 공동 저자로도
참여하게 되면서 다양한 곳에서 강의를 하게 되었어요. 그리
고 제가 새로운 것에 도전하는 것을 좋아해서 영양사와 관련
한 행사가 있다거나 공모전이 있으면 참여해서 상도 타고, 영

「2023년도 학교 영양·식생활교육 공모전」 수상자 발표

안녕하십니까?

영양교사의 교육·지도능력 향상 및 우수한 학교 영양·식생활교육 사례를 발굴, 널리 홍보하여 학교 영양·식생활교육의 활성화를 도모하고자 우리 협회에서 주최한 「2023년 학교 영양·식생활교육 공모전」에 우수한 교육사례를 출품해주신 회원 여러분께 진심으로 감사드립니다.

심사를 통해 선정된 수상자를 다음과 같이 발표하며 수상자 여러분께 진심으로 축하의 인사를 드립니다.

시상내역	이름	소속
부총리 겸 교육부장관상	○○○	서울성내초등학교
	○○○	김제검산초등학교
농림축산식품부장관상	○○○	공근초등학교
대한영양사협회장상	○○○	신림초등학교
	○○○	부산일과학고등학교
전국영양교사회장상	○○○	정라초등학교
	○○○	황룡초등학교

아울러 오는 11월에 개최 예정인 「2023년도 학교 영양·식생활교육 활성화 심포지엄」에서 본 공모전의 시상식 및 수상작 발표회가 진행될 예정이오니 회원 여러분들의 많은 관심과 참여를 부탁드립니다.
(※ 세부 일정은 추후 안내 예정)

감사합니다.

「한돈 숏폼 영상 콘테스트」 수상자 발표

우리 협회에서 한돈의 영양우수성을 홍보하기 위해 「한돈 숏폼 영상 콘테스트」를 실시하였으며, 출품작을 대상으로 심사위원회를 거쳐 다음과 같이 수상자를 선정하여 명단을 알려드립니다.

수상을 진심으로 축하드리며, 공모전에 관심을 갖고 참여해 주신 분들에게 감사드립니다.

시상내역	성명	작품명	비고
대상	○○○	우리 친한 합법이지 여덟살 되는 괜찮아	한돈자조금공익위원장상 및 부상 100만원
최우수상	○○○	평생함께 찾아야 되는 한돈 육류탐구 일기	농협경제지주 축산경제대표이사상 및 부상 70만원
	○○○		
우수상	○○○	이제 맥북보다 우리 한돈?	대한영양사협회장상 및 부상 50만원
	○○○	한돈이면 다 돼지	
	○○○	한끼요요 한 접시요	

내 안의 부캐 찾기

출처 : (사)대한영양사협회

양교육과 관련한 학술대회와 세미나 등에서 강의도 하고 있어요.

편 푸드테라피도 배우셨는데, 그 이유가 있다고요?

이 초등학생들을 대상으로 한 영양교육과 영양상담을 오랫동안 했는데 편식이 심한 아이들의 경우 지식 교육만으로는 실제 식행동 변화를 이끌어내기에는 한계가 있더라고요. 초등학교 시기는 신체적 · 정신적 성장이 왕성하게 이뤄지는 때이고, 이 시기에 길들인 식습관은 향후 성인기 건강한 식생활에 큰 영향을 미칠 텐데 그런 아이들을 보면 안타까운 거예요. 그래서 푸드테라피를 배워 푸드브릿지 교육과 연계해 체험활동 프로그램을 만들었어요. 기피 채소에 대한 친근감을 기르기 위해 채소를 이용한 푸드 표현 활동을 하면 싫어하는 채소라도 친근감이 생겨요. 편식의 원인은 새로운 음식이나 낯선 음식에 대한 거부감에서 오는 경우가 많은데, 음식을 보고 만지면서 친해지고 나면 먹어 볼 용기도 생겨요. 이렇게 단계별로 조금씩 기피 채소를 골고루 먹어보며 푸드브릿지 활동을 하면 편식의 원인이 되는 '푸드네오포비아'도 극복할 수 있게 되는 거죠.

📵 주어진 일 외에 스스로 다른 일을 찾아서 하려면 이 일을 정말 좋아하지 않고서는 힘들 것 같아요.

📵 저는 정말 이 일이 좋아요. 하면 할수록 배우고 싶은 것도 많고 하고 싶은 것도 많아지는데요. 푸드테라피를 배워서 전문강사 자격증을 취득한 것도 아이들 교육과 상담에 도움이 될 것이라는 생각에 시작하게 되었고, 네이버 오디오클립 '영양쌤과 영양talktalk'도 올바르지 못한 영양정보를 접하고 있는 아이들과 학부모님들에게 올바른 영양정보를 전달해 주고 싶은 마음으로 시작하게 되었어요. 학교에서 비만에 관심 있는 친구들이 많은데 막상 교육을 하려고 하면 여기저기서 비만인 친구들을 놀리기에 바빠서 수업이 쉽지 않았거든요. 그래서 '영양쌤과 영양talktalk' 첫 녹음은 어린이 비만에 대해서 알려주는 내용으로 했었지요. 이처럼 일을 좋아하니 제 일과 관련한 새로운 일로 자꾸 영역이 확장되는 것 같아요.

📵 선생님은 영양교사로 일하시면서 다양한 활동을 하시는데, 셀프 브랜딩을 잘하신 것 같아요.

📵 요즘 직장인들 사이에서 셀프 브랜딩에 대한 관심이 많다고 알고 있어요. 저도 셀프 브랜딩에 관심이 많지만, 아직 부족하다고 생각해요. 그래서 더 꾸준히 노력하고 배우며 활동을

확장해, 정말 멋진 개인 브랜드로 자리 잡은 영양교사가 되고 싶어요. (웃음) 일을 하면서 성취감을 느낄 수 있는 브랜딩은 삶에 활력을 주는 것 같아요.

(편) 최근에 한 활동 중에 보람 있었던 일이 있다면요?

(이) 제가 2022, 2023년도에 제27대 (사)대한영양사협회 서울특별시영양교사회 회장을 역임했어요. 저한테 너무 무거운 직책이라는 생각에 일주일 동안 잠을 못 자고 심장이 뛰는 소리가 귀에 들릴 정도로 걱정이 많았지요. 하지만 주어진 일에는 최선을 다하는 성격이라 밤낮으로 열심히 회원들과 소통하며 회원 역량 강화 연수를 추진하고 각종 정책활동을 했어요. 힘들었는데 참 보람 있던 시간이었어요.

(편) 앞으로 하고 싶은 일도 있으실 것 같아요.

(이) 여전히 하고 싶은 게 많아요. (웃음) 올바른 영양정보를 알려주는 유튜브 채널도 운영해 보고 싶고요. 지금까지 제가 쌓은 지식과 대학 시절 방송국 동아리 경험을 살려 어린이 건강 프로그램을 진행하고 싶은 꿈도 있어요. 또 푸드테라피를 영양상담과 접목한 프로그램을 기획해 매뉴얼화하고 싶은 생각도 있고요. 기회가 되면 대학에서 미래의 영양사가 될 학생들

영양쌤
이은영 영양교사

경력| 현 서울 ▇▇▇ 초등학교 영양교사
한양대학교 교육대학원 영양교육 전공
현 서울특별시 영양교사회 회장
네이버 오디오 클립「영양쌤과 영양 talk talk」진행
(네이버 '오! 스타 프로젝트' 최종우수팀 선정, 클립 수 120여 개)

저서 및
공동저서| 「서울지역 초등학교 영양교사와 고학년 학생의
영양교육 요구도 비교」석사논문
「식생활교육지도서」서울특별시학교보건진흥원
「건강증진을 위한 비만, 알레르기 영양상담 매뉴얼」
서울특별시교육청
「푸드표현상담을 통한 치유와 성장」양성원(2021)

활동의 영역을 넓히는 셀프 브랜딩은 삶의 활력입니다.

출처 : (사)대한영양사협회

을 가르치고 싶은 생각도 있습니다. 현업에서 수십 년 일했던 경험을 전수해서 후배들이 시행착오를 조금 덜 겪을 수 있도록 도움을 주고 싶어요.

⬛편 진로를 고민하는 청소년에게 인생의 선배로서 하고 싶은 이야기가 있다면요?

⬤이 어떤 직업을 가지면 좋을까 고민하는 청소년이 제일 먼저 할 일은 자신의 관심사가 무엇인지 찾아보는 게 아닐까요? 무엇을 하는 게 가장 즐거운지, 어떤 주제에 대해 깊이 알고 싶은지를 생각해 보는 거예요. 흥미를 느껴야 열정이 생기고, 열정이 있어야 성취감과 만족감을 느낄 수 있는 것 같아요. 그리고 다양한 경험을 해보면 좋겠어요. 해보지 않았던 활동에 참여하면 우연한 기회에 자신의 적성과 흥미를 발견하기도 해요. 흥미로운 분야를 발견했다면 정보를 수집해 보세요. 알면 더 보이는 게 있을 거예요. 마지막으로 실패를 두려워하지 말라는 말을 꼭 전해주고 싶어요. 저는 진로를 결정하고 이 길을 가면서도 여러 번 좌절하고 실패해 봤어요. 그런데 한편으로 실수나 실패를 통해 배우는 게 많았고, 결과적으로 제가 성장하는 계기가 되었어요. 그러니 실패할까 봐 주저하지 않았으면 해요. 그런 마음이 들 때는 가족, 선생님, 친구들의 의견도

들어보세요. 나만의 생각에 빠져있을 때는 보이지 않는 것들이 보일 거예요.

편 인터뷰하면서 선생님이 얼마나 이 일을 좋아하고, 열정적으로 업무를 수행하는지 알게 되었어요. 긍정적이고 적극적인 선생님의 에너지가 학생들이 먹는 급식을 통해 전해지는 느낌도 들었습니다. 건강한 식단으로 모든 사람이 건강한 식습관을 통해 건강이 증진하기를 바라는 이은영 선생님의 마음이 여러분에게 전달되었기를 바라며 영양사 편을 마칩니다.

청소년들의 진로와 직업 탐색을 위한
잡프러포즈 시리즈 80

균형 잡힌 식단으로 건강을 디자인하는
영양사

2025년 03월 25일 초판1쇄

지은이 | 이은영
펴낸이 | 김민영
펴낸곳 | 토크쇼

편집인 | 박성은
디자인 | 문지현
마케팅 | 신성종
홍보 | 이예지

출판등록 | 2016년 7월 21일 제 2023-000173호
주소 | 서울시 마포구 월드컵북로98, 2층 202호
전화 | 070-4200-0327
팩스 | 070-7966-9327
전자우편 | myys327@gmail.com
ISBN | 979-11-94260-26-4(43190)
정가 | 15,000원